Für Barbara Rademacher

Handeln als gelebter Wert

Aus Hannah Arendts Leben und Werk

Patricia Rehm

Forschungsarbeit am Lehrstuhl
Prof. Dr. Stephan Grätzel
im Fachbereich Philosophie und Philologie
der Johannes Gutenberg-Universität Mainz
unter dem Titel
Handeln als gelebter Wert
Aspekte aus Hannah Arendts Werk
im Bezug zu Johann Gottfried Herder
und Maurice Blondel

14

ISBN-10 3-938088-15-X
ISBN-13 978-938088-15-9

1. Auflage April 2008

Grafische Gestaltung: atelierReuter, Guntersblum
Printed in Germany
Druck und Vertrieb:
Books on Demand GmbH, Norderstedt

Inhalt

Vorwort der Stiftung

Mit den Forschungen zu Leben und Werk zeitgenössischer Denker und Philosophen fördert die Stiftung die wissenschaftliche Arbeit am Lehrstuhl Prof. Grätzel, Philosophisches Seminar der Johannes Gutenberg-Universität Mainz. Studierende und junge Wissenschaftler werden dabei in ihren Arbeiten zur Erkenntnis ethischer Werte im gesellschaftlichen Zusammenhang unterstützt.

Patricia Rehm hat es verstanden, mit den Studien zu Hannah Arendt darzustellen, dass im Dunstkreis einer freiheitlichen Gesinnung, jenseits von Dogmen und engen Glaubenssystemen, alte Werte wieder aufleben und neue sich Bahn brechen. Die Freiheit des Geistes entbürdet den Menschen von der Dualität zwischen Gebot und Verstoß, fördert naturhaftes Verhalten im gesellschaftlichen Miteinander und lässt ethische Werte einer künftigen Menschheit erblühen. Durch Handeln erschließt sich dem Menschen der Zugang zu einem inneren Potenzial, zur eigentlichen Bedeutung seines Daseins.

Die Publikation dieser Arbeit lässt einem größeren Personenkreis den Forscherdrang junger Menschen erkennen. Beherrschung der deutschen Sprache und Darstellungsvermögen haben Vorbildfunktion und mögen anregen, eigene Fähigkeiten zu entfalten. Handeln, stetes Voranschreiten, ist nicht nur Thema des Werkes, sondern auch Ermutigung dazu, das Leben zu ergreifen.

Mainz, im April 2008

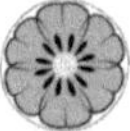

Dr. Ing.- Hans-Joachim-Lenz-Stiftung
Stiftung zur Erneuerung geistiger Werte

Geleitwort

Hannah Arendt ist zwar als Person bekannt, doch hat ihr Werk – gerade außerhalb der wissenschaftlichen Welt – noch nicht die gebührende Beachtung gefunden. Der Grund dafür liegt in der Komplexität ihres Denkens. Das vorliegende Buch schafft einen Zugang zu ihrem komplexen und, wie man auch sagen könnte, wildem Denken, indem es das Denken mit ihrer Vita in Verbindung setzt. Ihr Hauptwerk, die Vita activa, wird damit zu einem Zeugnis nicht nur wissenschaftlicher, sondern praktischer Art. Dem von der Lenz-Stiftung geförderten und von Dr. Patricia Rehm umgesetzten Projekt ist es gelungen, Wissenschaft, Werk und Leben bei Hannah Arendt zu verbinden. Diese Verbindung zeigt die Authentizität eines Menschen, wie sie in unseren Zeiten selten geworden ist. Damit wird Hannah Arendt auch als Mensch und Vorbild gewürdigt. Vorbilder sind die wichtigsten Orientierungen für junge Menschen und für solche, die in schweren Lebensphasen weit reichende Entscheidungen treffen müssen.

Wir brauchen künftig Menschen wie Hannah Arendt immer mehr, da sie ein Vorbild gegeben hat, wie man in schwierigen Zeiten, ohne Mitläufer zu werden oder sich einer allgemeinen Auffassung zu beugen, einer Grundanschauung des Menschlichen treu bleibt. Hannah Arendt gibt auch zu erkennen, worin eine solche Grundanschauung liegen kann: Sie zeigt den Menschen als handelndes Wesen und setzt mit dem Handeln einen Unterschied zur bloßen Arbeit oder zur Herstellung. Weder Arbeit noch Herstellung bringen dasjenige am Menschen hervor, was ihn zum Menschen macht, obwohl er natürlich arbeiten und herstellen muss. In der Arbeit regeneriert der Mensch seine natürlichen Bedürfnisse, in der Herstellung verdinglicht er die Welt. Beides sind Formen, in der die Handlung als menschliche Handlung nicht hervortritt. Erst dort, wo der Mensch gründet und neu anfängt, handelt er, nur im Handeln, also im Gründen und Anfangen, ist er Mensch. Diese Lehre ist schwere Kost in einer Zeit, die ihre Werte auf Arbeiten und Herstellen abgezielt und beschränkt hat. Deshalb hilft das vorliegende Buch, diese Perspektive zu verändern oder überhaupt erst zu erschließen.

Mainz, im April 2008

Univ.-Prof. Dr. Stephan Grätzel
Philosophisches Seminar
Johannes Gutenberg-Universität Mainz

Einleitung und Dank

„Wenn ich arbeite, bin ich an Wirkung nicht interessiert“[1], erklärt Hannah Arendt in einem Fernseh-Interview, das Günter Gaus mit ihr 1964 führte. „Wirken“ wollen heißt auch bewundert werden wollen. Bewunderung will Hannah Arendt mit Sicherheit nicht. Ein Leben führen, um bewundert zu werden, schreiben, um dafür bewundert zu werden – das alles interessiert Hannah Arendt nicht, und im selben Interview nennt sie den Hauptbeweggrund für ihr Schreiben: „Ich selber wirken? Nein, ich will verstehen.“[2]

Hannah Arendt führt ihr Leben für sich, nicht für andere, und dies mit Konsequenz. Nicht das Bild, das sich andere von ihr machen, ist für sie von Bedeutung – es interessiert sie meistens nicht, wie Fremde zu ihr stehen oder wie ihre Schriften rezensiert werden. Wohl aber interessiert sie der andere und dies umso mehr, je näher er ihr steht; sei es jemand aus der Familie oder aus dem Freundes- und Bekanntenkreis.

In der Gemeinschaft mit anderen und dank des Rückhaltes, den sie durch diese Gemeinschaft erfährt, ist es Hannah Arendt möglich, immer wieder aufzubrechen und Neues zu beginnen und gleichzeitig sich selbst treu bleibend zu handeln und zu schreiben. Dies tut sie mit einer Konsequenz, die man nur bewundern kann – ob sie es wollte oder nicht.

So ist es auch von großer Bedeutung, an ihren bewegten Lebensweg zu erinnern und Aspekte ihres Werkes, die mit diesem Lebensweg in Verbindung stehen, detaillierter darzustellen. Mit ihrer Geradlinigkeit, ihrem Mut, auch unbequeme Wahrheiten zu formulieren und diese trotz aller Widerstände zu verteidigen, und ihrer Treue Freunden gegenüber, die nicht so mutig waren, wie sie, wird sie zu einem Vorbild für andere.

Deshalb soll an dieser Stelle zunächst ihr Leben nachgezeichnet werden. Dies geschieht unter zwei Aspekten, einerseits unter dem Aspekt der „Initiativen“, andererseits unter dem Aspekt der „Pluralität“. Diese beiden Aspekte sind konstitutiv für Hannah Arendts Philosophie der Handlung, die in einem zweiten Kapitel anhand ihres Werkes *Vita activa oder Vom tätigen Leben* dargestellt werden soll. Das dritte Kapitel gibt einen Ausblick auf andere Philosophen, für die der klassische Handlungsbegriff ebenfalls eine große Rolle spielte, um Hannah Arendts Denken in einen größeren Bezug zur Philosophie der Handlung zu setzen. Es handelt sich hierbei um Maurice Blondel und Johann Gottfried Herder. Abschließend soll darauf reflektiert werden, welche Bedeutung der klassische Handlungsbegriff für uns heute noch in sich trägt und welchen Stellenwert er heute noch einnehmen kann.

Danken möchte ich an dieser Stelle allen, die mich bei diesem Projekt unterstützt haben und die es mir ermöglichten, meine Forschungen zu Hannah Arendt und zum Handlungsbegriff ausführen zu können, insbesondere der Dr.-Ing.-Hans-Joachim-Lenz-Stiftung, Dr. Christa Utech und Gregor Hannusch.

---

1 Arendt, Hannah: Ich will verstehen. Selbstauskünfte zu Leben und Werk. Ursula Ludz (Hrsg.), Piper, München, 2006, S. 48.

2 Arendt. Verstehen, S. 48.

1. Gelebtes Handeln

Hannah Arendt verfasst 1958 das Werk *Vita activa oder vom tätigen Leben*. Eines ihrer Hauptanliegen ist in diesem Werk, eines der wichtigsten Charakteristika – wenn nicht sogar das Charakteristikum – des menschlichen Lebens herauszuarbeiten, nämlich das Handeln. Das Handeln wird aber erst durch das Sprechen darüber greif- und begreifbar; nur das Erzählen macht Handeln deutlich – so ihre These. So auch das Erzählen der Lebenshandlung, nämlich der Biographie.

Das Handeln ist bestimmt von Initiativen – Neuanfängen, durch die jedes Handeln begonnen wird. Wichtig für das Handeln ist auch die Pluralität. Der Neuanfang muss zusammen mit anderen Menschen begonnen werden. Das Leben besteht für Hannah Arendt aus Neuanfängen in Gemeinschaft; das eigene Leben ist ein ständiger Aufbruch und gleichzeitig spielt es sich in der Verbundenheit mit anderen ab.

So ist auch ihr eigenes Leben von vielen Aufbrüchen und Neuanfängen gekennzeichnet, und gleichzeitig ist ihr die Verbundenheit mit anderen Menschen sehr wichtig. Davon berichten wir nun in ihrer Biographie.

1.1 Initiativen – Neuanfänge

1.1.1 Kindheit und Studium

Am 14. Oktober 1906 erblickt Johanna Arendt in Hannover das Licht der Welt. Ihre Mutter Martha, geborene Cohn, führt gewissenhaft Tagebuch über die Entwicklung und Fortschritte ihres Kindes.[1] So bezeichnet sie ihre Tochter als „richtiges Sonnenkind"[2], und ist erstaunt und erfreut über ihre intellektuellen Fähigkeiten, die sich früh zeigen. Ihr ist auch die Freude am Singen in die Wiege gelegt, zum Leidwesen der Mutter, die in Paris unter anderem auch Musik studiert hatte, allerdings keinerlei Musikalität. Martha bezeichnet ihre Tochter als zufriedenes und glückliches Kind und sie will dafür Sorge tragen, dass dies auch so bleibt.

Wegen des wohl chronischen Verlaufes einer Syphilis Erkrankung, die sich der Vater Paul Arendt in jungen Jahren zugezogen hatte, zieht die kleine Familie zurück nach Königsberg, wo die Familien Arendt und Cohn leben. Schnell wird deutlich, dass er schwer erkrankt ist, sodass er nicht mehr für seine Familie sorgen kann. Martha ist nun in zweierlei Hinsicht in großer Sorge; einerseits um ihren Mann, andererseits um ihre Tochter. Sie bemüht sich, das Kind weitestgehend behütet aufwachsen zu lassen und es nicht mit der Krankheit des Vaters zu belasten. Hannah hat ein Kindermädchen, viele Spielsachen und viel Freiraum. Damit sie nicht ohne soziale Kontakte aufwächst, wird sie in einem Kindergarten angemeldet.

Sie weiß allerdings sehr wohl, dass ihr Vater krank ist und der Schonung bedarf. Zunächst pflegt Martha ihren Mann noch zu Hause, später kommt er in eine Anstalt. Paul Arendt stirbt im Oktober 1913. Hannah reagiert merkwürdig teilnahmslos. Ihrer Mutter gegenüber erklärt sie eines Tages nur: „Man muss an traurige Dinge so wenig wie möglich denken."[3]

Im August 1913 kommt sie in die Schule. Sie besucht eine so genannte höhere Töchterschule, die aber, so Alois Prinz, eher das Niveau einer Mittelschule hat[4]. Als sie eingeschult wird, kann sie schon fließend lesen und schreiben. Nach Ausbruch des 1. Weltkrieges zieht Martha mit ihrer Tochter zur Familie ihrer jüngeren Schwester nach Berlin und meldet das Kind dort in einer Schule an. Zehn Wochen später scheint sich aber die Lage in Königsberg zu beruhigen, und die Arendts kehren zurück.

Allerdings hat sich die Tochter verändert. Das unbeschwerte, fröhliche Kind wird nervös. Sie fürchtet sich vor allem, in der Regel vor Klassenarbeiten. Häufig wird sie krank, wenn gemeinsame Reisen geplant sind oder die Mutter alleine verreist. Später werden die Krankheiten ernsthafter, über eine lange Zeit hinweg kann sie nicht zur Schule gehen. Die Mutter unterrichtet sie zu Hause, und ihr Kind gehört trotzdem zu den Klassenbesten. Ihr Verhältnis zu ihrer Mutter verändert sich jedoch ebenso wie ihr Charakter. Sie wird bockig und verschlossen.

Für das historische und politische Geschehen um sie herum interessiert sich Hannah Arendt nicht. Sie besucht bei Kriegsende das erste Mädchengymnasium in Ostpreußen und bedient sich in der Bibliothek ihres verstorbenen Vaters. Gedichte, die sie auswendig lernt, und Romane gehören zu ihrer Lieblingslektüre, aber auch philosophische Werke. Mit 14 Jahren liest sie Kants *Kritik der reinen Vernunft* sowie Karl Jaspers.

1920 heiratet Martha Arendt Martin Beerwald. Dessen Töchter, Clara und Eva, sind eher häuslich und melancholisch veranlagt und können der störrischen, hochintelligenten Hannah keine Gefährtinnen sein und auch keine Familie bieten. Sie wird in zunehmendem Maße launisch und unleidlich. Da sie ein ausgesprochener Morgenmuffel ist, lässt sie sich dank ihrer Mutter von den frühen Schulstunden befreien, was aber ihre schulischen Leistungen in keiner Weise beeinträchtigt. Im Gegenteil, denn bald schon wird sie in einen Studienkreis von Schülern höherer Klassen aufgenommen, der von einem Studenten geleitet wird und in dem über Literatur und Philosophie diskutiert wird.

Königsberg und die Königsberger Gesellschaft sind ihr schnell zu eng, so beginnt sie zu rebellieren. Als sie zum Boykott des Unterrichts gegen einen Lehrer aufruft, wird sie von der Schule verwiesen. Martha Arendt erwirkt daraufhin, dass Hannah auch ohne Abitur an der Berliner Universität studieren kann. Sie besucht Kurse in Latein und Griechisch, hört aber auch bei Romano Guardini Vorlesungen. 1924 darf sie als Externe dennoch die Abiturprüfung ablegen, die sie mit Auszeichnung besteht.

Im Wintersemester 1924 beginnt sie ihr Studium in Marburg. Sie trägt den neuesten Haarschnitt und elegante Kleidung und setzt sich damit schon von den anderen Studenten ab. Dies geschieht auch durch ihre Persönlichkeit, denn sie ist äußerst zielstrebig auf der Suche nach dem Wesentlichen. Die Studienfächer Griechisch und evangelische Theologie hat sie zwar auch belegt, jedoch vernachlässigt sie diese schnell, nachdem sie Vorlesungen bei Martin Heidegger gehört hat. Dieser macht einen großen Eindruck auf sie – philosophisch wie privat. Sie bewundert seine Philosophie, die sich gegen die rein akademische Wissensverwaltung und Ideologisierung in Schulen richtet und das Lebendige, das mit dem konkreten Leben Vereinigende in der Philosophie sucht.

Heidegger gibt ihr zunächst eine Antwort auf ihre Sehnsucht nach dem Wesentlichen im Leben, das sie bereits als Jugendliche interessiert hat. Dies auch im Privaten, denn es entwikkelt sich eine Beziehung zwischen Professor und Studentin. Heidegger entspricht Hannah und ihrer Verschlossenheit, die sie zu diesem Zeitpunkt noch zeigt. Das Verhältnis ist ein Werden in Heimlichkeit, jedoch ist es auch sehr einseitig, sodass für sie trotz aller Liebe klar ist, dass ihre Sehnsucht hier nicht wirklich gestillt werden kann.

Hannah bricht auf. Zunächst geht sie ein Semester lang nach Freiburg, wo sie bei Edmund Husserl studiert; dann zieht es sie nach Heidelberg, wo sie bei Karl Jaspers ihr Studium beenden will, so wie es ihr von Heidegger empfohlen wurde. In Heidelberg ist sie sehr beliebt. Schnell hat sie einen großen Freundes- und Bekanntenkreis. Nach wie vor interessiert sie sich nicht für Politik, obwohl nacheinander Goebbels und Hitler Vorträge in Heidelberg halten, die gut besucht sind. Gefördert wird das politische Desinteresse durch die allgemein unpolitische Stimmung an der Universität und die elitäre Haltung der philosophischen Fakultät dem Politischen – dem Vulgären – gegenüber.

In Heidelberg wird Hannah von Jaspers entscheidend geprägt. Während Heidegger eher das Genie, der einsame Philosoph ist, der zwar das Leben mit der Philosophie verbindet, jedoch nicht das Leben an sich, sondern das des Einzelnen, ist für Jaspers das kommunikative Element primär wichtig. Hannah lernt erst hier, sich zu öffnen, den Mut zu haben, Vertrauen in den Anderen zu zeigen, der ihr auch Vertrauen und Offenheit entgegenbringt.

1928 schließt sie ihr Studium in Heidelberg ab. Sie hat über das Thema *Der Liebesbegriff bei Augustinus* promoviert – eine Arbeit, mit der sie den Begriff der Liebe für sich zu begreifen versucht. Außerdem scheint es so, als wolle sie bereits hier Heidegger eine Antwort geben, denn der Begriff der Liebe wird bei ihm nicht wesentlich behandelt. Jaspers jedoch macht diese Arbeit eher ratlos und er honoriert diese Ratlosigkeit mit einer schlechten Examensnote. Jedoch bietet er ihr die Möglichkeit einer universitären Karriere, die sie ablehnt. Laut Alois Prinz liegt der Grund hierfür darin, dass Hannah niemals langfristig plant, sondern sich von Ideen, also impulsiv leiten lässt[5]. Dies ist sicherlich ein Grund. Wahrscheinlich aber ist auch, dass sie ihre Eigenständigkeit sucht. Ebenso wie sie sich von Heidegger entfernt hat, um nicht ihre eigene Persönlichkeit nach ihm auszurichten, wendet sie sich jetzt von der Universitätskarriere bei Jaspers ab, da sie auch hier ihre Eigenständigkeit und Unabhängigkeit bewahren will.

Was sie sucht, ist sich selbst – und dies auf eigenständige Weise. So wie sie das „Denken ohne Geländer" fordert – nämlich das eigenständige Denken, das Textinterpretationen der bekannten und unbekannten Philosophen zu Hilfe nimmt, sich aber nicht davon abhängig macht, so sucht sie sich selbst durch andere, die ihr einen Maßstab für diese Suche liefern, sie aber nicht nach ihrem Maßstab formen. Letzteres aber geschieht in der Universitätskarriere. Sie begreift dies sicherlich intuitiv und bricht auf.

Wie bei jedem Menschen besteht Hannah Arendts Leben aus Aufbrüchen und Verbundenheiten. Hier unterscheidet sie sich nicht besonders von anderen. Was macht aber trotzdem bei ihr den Unterschied aus? Sicherlich nicht die Suche nach sich selbst oder nach einem Platz, einem Standort in diesem Leben. Auch das ist ein Problem, das Menschen im Allgemeinen betrifft, ob bewusst oder unbewusst. Was Hannah Arendt wohl unterscheidet, ist die Art und Weise, wie sie sich selbst und ihren Platz im Leben sucht. Der in Biographien viel zitierte Satz des „Mädchens aus der Fremde"[6], der einem Gedicht von Friedrich Schiller entnommen ist und Hannah Arendt vorzüglich wegen ihres Jüdisch-Seins charakterisieren soll, ist durchaus richtig, müsste aber eigentlich umgewandelt werden in das „Mädchen in der Fremde".

Schon als Kind muss ihr bewusst gewesen sein, dass sie in der Gesellschaft, in der sie lebt, keinen Platz hat – sie gehört dort nicht hinein. Die Familie Beerwald ist nicht ihre, die Stiefschwestern haben andere Prioritäten in ihrem Leben. Königsberg wird ihr zu eng – auch hier ist nicht die Umgebung, in die sie zu passen scheint. Als Studentin hat sie dies begriffen und gibt sich in ihrer Erscheinung betont andersartig. Heidegger bezeichnet sie zwar als „Passion seines Lebens“[7], räumt ihr als Person jedoch keinen Platz ein. Der Universitätskarriere entflieht sie, da sie hier ihre Persönlichkeit nicht entfalten kann. Und diese Aufbrüche – gewollt oder ungewollt – kennzeichnen ihr Leben.

Sie bleibt fremd, aber nicht, weil sie Jüdin ist, sondern weil sie sensibel genug dafür ist, zu wissen, dass jeder Mensch auf eigenständige Weise er selbst werden muss und dass jede Eingebundenheit in einer Gesellschaft die Abhängigkeit der Persönlichkeitswerdung mit sich führt. Ob es ihr nun tatsächlich oder nur intuitiv bewusst war oder wie sehr sie auch unter ihrem Fremdsein gelitten haben mag, so ist sie doch den Weg der radikal eigenständigen Entwicklung gegangen.

Und dies unterscheidet ihre Biographie von anderen: Durch diese radikale Eigenentwicklung hat sie für sich selbst Grenzen ausgelotet und gezogen. Sie hat für sich selbst Werte gefunden, die ihr Leben bestimmen und dies gestalten und die wichtig werden im Umgang mit Familie und Freunden.

1.1.2 Berlin

Hannah will nach Berlin gehen und dort an einem Buch über Rahel Varnhagen schreiben. Sie fühlt sich dieser Schriftstellerin aus dem 19. Jahrhundert seelenverwandt und will anhand der Erstellung ihrer Biographie das Leben der anderen und auch ihr eigenes Leben begreifen. Mit Hilfe zweier Empfehlungsschreiben von Jaspers und Heidegger erhält sie für ihre Arbeit ein Stipendium der Notgemeinschaft der deutschen Wissenschaft.

Mitte 1929 heiratet sie Günther Stern. Da dieser sich in Frankfurt habilitieren will, zieht das Paar zunächst dorthin, kehrt aber 1931 nach Berlin zurück, nachdem die Habilitation nicht angenommen wurde. Günther Stern verdingt sich nun als Journalist. Es ist die Zeit der Weltwirtschaftskrise. Hannah und Günther können sich zwar eine eigene Wohnung leisten, aber das Geld ist knapp. Trotz des Stipendiums muss sie noch etwas dazu verdienen, indem auch sie für Zeitungen schreibt. Die Ehe mit Günther Stern ist jedoch schon bald zerrüttet. Er verlässt Berlin im Februar 1933 und geht nach Paris, sie bleibt – auch um ihre kranke Mutter zu pflegen.
Im Berlin der 1930er Jahre entdeckt Hannah ihr Interesse für

Politik. Nach dem Reichstagsbrand am 27. Februar 1933 ist für sie allerdings klar, dass gehandelt werden muss. „[...] [V]on dem Moment an habe ich mich verantwortlich gefühlt. Das heißt, ich war nicht mehr der Meinung, dass man jetzt einfach zusehen kann"[8], wird sie sich im Oktober 1964 in dem Interview mit Günter Gaus erinnern. Im Gegensatz zu anderen Juden hat sie die Entwicklung der antisemitischen Bewegung schon lange argwöhnisch verfolgt, ist nun also nicht überrascht, sondern zur Gegenwehr bereit. Sie liest Marx und Lenin und trifft sich mit Kurt Blumenfeld, dem Leiter der zionistischen Bewegung, der auch schon ihren Großvater gekannt hat, in *„Mampes Weinstube"*. Mit ihm diskutiert sie über den Zionismus, den sie jedoch eher kritisch sieht. Kurt Blumenfeld bittet sie auch, eine Sammlung antisemitischer Äußerungen zu erstellen, was sie bereitwillig erledigt. Hiermit soll das Ausland über das Treiben in Deutschland aufgeklärt und aufgerüttelt werden. Hannahs Arbeit ist äußerst gefährlich, denn sie wird von den Nazis als Greuelpropaganda verstanden und verfolgt. Hannah wird auch verhaftet, da sie sich jedoch vollkommen ahnungslos gibt, entlässt man sie eine Woche später wieder.

Nun entschließt sie sich mit ihrer Mutter zur Flucht. Es sind aber nicht nur der Antisemitismus und der aufkommende Faschismus in Deutschland, die ihr unheimlich sind, vielmehr ist sie enttäuscht von den Reaktionen ihrer intellektuellen Freunde darauf. Sie muss mit ansehen, wie die Intellektuellen in ihrem Umkreis Hitler und seine Machenschaften nicht nur verteidigen, sondern auch intellektuell verarbeiten und theologische, historische oder gar philosophische Begründungen dafür liefern. Im Gegensatz dazu scheinen sich gerade die Nicht-Akademiker ihren gesunden Menschenverstand bewahrt zu haben. Hannah widert diese Entwicklung so sehr an, dass sie mit Deutschlands Intellektuellen nichts mehr zu tun haben möchte:

> „Ich lebte in einem intellektuellen Milieu, ich kannte aber auch andere Menschen. Und ich konnte feststellen, dass unter den Intellektuellen die Gleichschaltung sozusagen die Regel war. Aber unter den andern nicht. Und das hab' ich nie vergessen. Ich ging aus Deutschland, beherrscht von der Vorstellung – natürlich immer etwas übertrieben – : Nie wieder! Ich rühre nie wieder irgendeine intellektuelle Geschichte an. Ich will mit dieser Gesellschaft nichts zu tun haben."[9]

Im August 1933 verlassen sie und ihre Mutter Berlin.

1.1.3 Paris und Frankreich

Die Flucht nach Paris bedeutet für Hannah Arendt zugleich eine Aufgabe: Sie wurde als Jüdin angegriffen, also muss sie sich als Jüdin wehren. Für sie ist nun eindeutig, dass der Judenhass politisch geprägt ist, er richtet sich gegen die Juden als Volk. Es ist also für die Juden nicht mehr möglich, deutsche, französische, tschechische Juden zu sein, denn nun richten sich ihre eigenen Vaterländer gegen sie.

In Paris trifft sie viele Emigranten und auch viele Freunde wie Anne Mendelssohn oder Hans Jonas wieder, aber auch ihren Mann Günther Stern. Obwohl sie hier gemeinsam leben, ist die Ehe nicht mehr zu retten. Stern verlässt Paris 1936 ohne sie. Aber die meisten Emigranten teilen Hannahs Einstellung nicht. Sie fühlen sich als Angehörige eines Staates und verstehen nicht, warum dieser Staat sie ausschließen möchte. Ihre Emigrantenzeit verbringen sie in trauriger Erinnerung an angeblich glorreiche Tage in Deutschland.

Hannah tut dies nicht. In dem Bewusstsein, dass sie sich als Jüdin gegen die Angriffe wehren muss, und wohl wissend, dass als Emigrant andere Maßstäbe und Lebensumstände gelten, sucht sie sich Arbeit. Dabei findet sie hier eine Rolle, einen Ort, an den sie passt und an den sie passen will. Obwohl sie selbst wohl keine praktizierende Jüdin ist, will sie sich allein für jüdische Belange einsetzen. Sie wird Sekretärin bei *„Agriculture et Artisan"* und danach bei der *„Jugend-Aliyah"*, zwei jüdischen Organisationen, bei denen jüdische Jugendliche auf ein Leben in Palästina vorbereitet werden. Zeitweise arbeitet sie sogar als Privatsekretärin der Baronesse de Rothschild. 1935 kann sie eine Gruppe Jugendlicher nach Palästina begleiten. Zunächst ist sie begeistert, nachdem sie aber einen Kibbuz besucht hat, steht sie der Sache eher skeptisch gegenüber. Nicht Gleichberechtigung scheint hier vorzuherrschen, sondern eine eindeutige Hierarchie mit klaren Herrschaftsstrukturen.

In Paris sucht sie sich einen Kreis gleichgesinnter Emigranten, wie z.B. Walter Benjamin, Karl Heidenreich oder Erich Cohn-Bendit. Zu dieser Gruppe stößt auch Heinrich Blücher. Hannah ist sofort von ihm begeistert, und dies beruht auch auf Gegenseitigkeit. Ende 1936 mieten sie bereits ein gemeinsames Zimmer. Als Frankreich 1939 in den Krieg mit Deutschland eintritt, ändert sich die Situation der Emigranten – sie werden schlecht behandelt. Hier macht Frankreich auch keinen Unterschied, ob es sich um Verfolgte handelt oder nicht. Alle männlichen Emigranten zwischen 17 und 50 Jahren werden sehr bald aufgefordert, sich in Sammellagern einzufinden. So auch Heinrich Blücher. Zunächst sind die Lager noch in diversen Sportstadien in Paris, später wird Heinrich nach Blois verlegt. Da Hannah ihre Beziehungen zu nutzen weiß, wird Heinrich Ende des Jahres wieder entlassen. Inzwischen hat sich auch Hannahs Mutter dazu entschlossen, Königsberg und ihren Mann endgültig zu verlassen. Sie ist nach Paris gekommen und lebt nun in der Wohnung zusammen mit ihrer Tochter und Heinrich, die am 16. Januar 1940 heiraten.

Als deutsche Truppen im Mai Belgien besetzen, werden die Emigranten abermals verpflichtet, sich in Sammellagern einzufinden – diesmal auch die Frauen. Von Heinrich getrennt, findet sich Hannah in einem Lager für Frauen ein. Zwei Wochen lang befindet man sich in einem Sportpalast, dann werden die Frauen ins Lager Gurs an der spanischen Grenze verlegt. Die Lebensbedingungen in diesem Lager sind unzumutbar. Trotzdem kommt gerade hier ein großer Überlebenswille auf. Die Frauen werden sich dessen bewusst, dass sie hierher gebracht wurden, um zu sterben. Dem begegnen sie nicht mit Gedanken an Selbstmord, sondern mit einem außergewöhnlichen Selbsterhaltungstrieb. Zu allem kommt noch die Ungewissheit, wie sich das Lagerleben gestalten wird. Gerüchte sickern durch, dass die deutsche Armee in Frankreich eingefallen ist. Tatsächlich stimmt dies, und im Lager sind die Kommandanten verunsichert. Die Disziplin wird lockerer, und diesen Moment nützen etwa 200 Frauen zur Flucht – auch Hannah Arendt.

Schnell setzt sie sich jedoch von den anderen Frauen ab. Sie versucht, sich auf eigene Faust nach Marseille durchzuschlagen – dem einzigen Überseehafen, dem einzigen Weg zur wahren Flucht. Zunächst führt sie ihr Weg nach Montauban, wo sie das Glück hat, viele alte Bekannte wiederzutreffen und auch Heinrich. Gemeinsam warten die beiden in Montauban auf ihre Mutter, die aus Paris nachkommt. Die Reise geht weiter nach Marseille, wo Hannah sich um Einreisevisa nach Amerika bemüht. Dank ihrer Arbeit bei jüdischen Organisationen und des Einsatzes von Günther Stern gelingt es ihr, diese Visa zu bekommen – allerdings vorerst nur zwei für sich und Heinrich. Martha muss noch warten. Auch den beschwerlichen Weg nach Lissabon, dem einzigen Hafen, aus dem Schiffe nach Übersee unbehelligt auslaufen können, machen Hannah und Heinrich zusammen. Im April 1941 fahren sie Richtung New York. Martha Arendt-Beerwald gelingt wenige Wochen später die Flucht.

1.1.4 New York

Hannah und Heinrich müssen sich in New York wieder auf neue Lebensbedingungen einstellen. Da sie kaum Geld haben, sind sie auf die Versorgung durch Hilfsorganisationen angewiesen. Sie können ein möbliertes Zimmer für sich in einem heruntergekommenen Haus mieten, ein zweites für

Martha. Auf der anderen Seite erwartet man von den Emigranten, dass sie sich schnell eingliedern, d.h. Englisch lernen und Arbeit suchen. Heinrich tut sich schwer. Er will weder arbeiten, noch Englisch lernen. Auch Martha Arendt tut sich schwer, dennoch übernimmt sie Heimarbeiten für eine Strick- und Häkelfabrik und führt ihrer Tochter den Haushalt.

Hannah bricht als Einzige wirklich auf. Sie nutzt ein Angebot, als Au-pair-Gast bei einer amerikanischen Familie zu leben und zieht im Juli 1941 für einige Wochen nach Winchester, Massachusetts, zu dem Ehepaar Giduz. Hier genießt sie alle Freiheiten. Das Ehepaar möchte sie nicht ausnutzen, und so darf sie sich in der Bibliothek bedienen und tagsüber lesen. Die Frau des Hauses ist strenge Vegetarierin, die überhaupt eine gesunde Lebensweise einhält. Den Hausherren hält Hannah anfangs für einen Antisemiten, bald aber stellt sich heraus, dass er selbst deutsch-jüdischer Abstammung ist, sogar sächselt, wenn er Deutsch spricht. Allerdings bewahrt er dies als sein großes Geheimnis. Gemeinsam mit ihm frevelt sie und hintergeht den gesunden vegetarischen Lebensstil der Herrin des Hauses, als sie in deren Abwesenheit ein Huhn mit großem Appetit verspeisen. Abends führt sie mit ihrer Gastfamilie lange Unterhaltungen, am Wochenende steht sie bei Besuchen bei Verwandten und Bekannten im Mittelpunkt. Mitte August kehrt Hannah nach New York zurück. Inzwischen besucht Heinrich einen Englischkurs und hat auch Arbeit gefunden, die er aber bald wieder aufgeben wird.

In New York trifft sie wieder auf Kurt Blumenfeld, der in jüdischen Kreisen die Frage einer jüdischen Armee diskutiert. Dies befürwortet sie, da sie hier die Chance sieht, dass Juden sich gegen die Angriffe gegen sie selbständig wehren können und somit unabhängig werden. Ein Leserbrief diesbezüglich ihrerseits imponiert dem Chefredakteur der deutschsprachigen Zeitschrift „Aufbau" so sehr, dass er sie zur freien Mitarbeiterin im Feuilleton macht. Alle zwei Wochen erscheint nun ihre Kolumne *This Means You*.

Anfang 1943 erfährt man auch in New York von den Massenvernichtungslagern der Nazis in Deutschland. Dies ist für alle ein Schock, und in ihrem Interview mit Günter Gaus kommentiert Hannah Arendt dies so:

> „Das ist der eigentliche Schock gewesen. [...] Das war wirklich, als ob ein Abgrund sich öffnet. Weil man die Vorstellung gehabt hat, alles andere hätte irgendwie noch einmal gutgemacht werden können, wie in der Politik ja alles irgendwie einmal wiedergutgemacht werden kann. Dies nicht. Dies hätte nie geschehen dürfen. Und damit meine ich nicht die Zahl der

> Opfer. Ich meine die Fabrikation der Leichen und so weiter [...]. Dieses hätte nicht geschehen dürfen. Da ist irgend etwas passiert, womit wir alle nicht fertig werden."[10]

Ausgehend von diesen Greueltaten, beschließt sie, sich auf intellektuelle Art und Weise mit dem Nazi-Terror auseinander zu setzen. Sie arbeitet in ihrer Freizeit in der Bibliothek und informiert sich über Antisemitismus, Nationalsozialismus und Imperialismus. Tagsüber arbeitet sie bei der *„Commission on European Jewish Cultural Reconstruction"* als Forschungsleiterin, wo sie eine Liste jüdischer Kulturschätze in europäischen Ländern erstellt.

Nach dem Angriff auf Pearl Habour tritt auch Amerika in den Krieg ein, am 6. Juni 1944 beginnt die Invasion in der Normandie. Das Kriegsende ist absehbar. Für viele Emigranten stellt sich nun die Frage, wie es weiter gehen soll – bleibt man in Amerika oder geht man nach Deutschland zurück? Diese Frage stellt sich nicht für Heinrich und Hannah. Sie schreibt nun auch für die liberale Zeitung „Partisan Review", ist also mehr oder weniger bekannt und etabliert und hat sich einen großen Freundes- und Bekanntenkreis aufgebaut. Sie nimmt auch Kontakt mit Freunden und Bekannten aus Deutschland auf und versendet Care-Pakete an die Jaspers'.

Zudem ist sie nun Leiterin der *„Commission on European Jewish Cultural Reconstruction"* und sie gibt Kurse über die Geschichte Europas am Brooklyn College, um zusätzlich Geld zu verdienen. Von 1946-48 arbeitet sie hauptberuflich beim Schocken-Verlag als Lektorin. Hier kümmert sie sich vor allem um die Herausgabe der Kafka-Tagebücher. Sie liebt Kafkas Schriften und engagiert sich sehr dafür, ihn auch in Amerika bekannt zu machen.

Immer noch und immer wieder beschäftigt sie aber die Frage, wie es überhaupt zu dem Phänomen des Nationalsozialismus kommen konnte. Mit einher geht hier einerseits die Frage nach der Schuld, die für sie keine kollektive sein kann, sondern lediglich die des Einzelnen und seiner Verantwortung. Andererseits versucht sie zu verstehen, warum und wie es möglich sein kann, dass kulturelle Hemmschwellen und Werte quasi von heute auf morgen verfallen und ungültig werden. Vage Antworten findet sie im Typus des Spießers, des treusorgenden Familienvaters[11], der aus Sorge um sein privates Glück und seine Familie bereit ist, sich aktiv oder passiv an der Ermordung und Vernichtung anderer Menschen zu beteiligen. Neben ihrer Arbeit im Verlag, am College und als Journalistin verbringt sie ihre Freizeit in Bibliotheken, um dieser Frage und diesem Phänomen nachzugehen.

Ende 1949 gibt sie ihre Stelle beim Schocken-Verlag auf und wird Geschäftsführerin bei der *„Jewish Cultural Reconstruction"*. In dieser Eigenschaft soll sie nach Europa reisen. Sie hat viele Termine in verschiedenen Städten und nimmt diese Gelegenheit wahr, mit unterschiedlichen Menschen ins Gespräch zu kommen. Ihr Eindruck vom Nachkriegs-Deutschland ist sehr schlecht. Obwohl hier bereits der Aufbau in vollem Gange und der Westen Deutschlands eine Demokratie geworden ist, sieht sie eine Gesellschaft, die in einer Lebenslüge lebt[12], die alte Zeiten verherrlicht und nun, um sich nicht mit der Gegenwart beschäftigen zu müssen, in „besinnungslose Geschäftigkeit"[13] verfällt. Die einzige Ausnahme bilden für sie die Berliner, die ganz klar zum Ausdruck bringen, was sie bewegt, was sie erleben, und dies auch sehr nüchtern aussprechen. Im Dezember 1949 besucht Hannah Jaspers in Basel, im Februar 1950 – nach langem Zögern – dann auch Heidegger in Freiburg. Schließlich führt sie ihr Weg nach Paris zu Anne Weil, ehemals Mendelssohn, und nach London zu ihrer Stiefschwester Eva. Am 15. März kehrt sie nach New York zurück.

1951 erscheint ihr Buch *The Origins of Totalitarianism – Elemente und Ursprünge totaler Herrschaft* – das in den USA ein großer Erfolg wird. Schon davor hatte sie sich einen Namen als Expertin für totalitäre Systeme gemacht. Nun ist dieser Ruf bestätigt. Im gleichen Jahr kann sie sich auch über die amerikanische Staatsbürgerschaft freuen. Diese macht sie nach 17 Jahren Staatenlosigkeit wieder zu einer Staatsangehörigen.

Nachdem der amerikanische Kongress 1951 antikommunistische Gesetze erlassen hat, kommt es zu einer wahren Hexenjagd. Der republikanische Senator Joseph McCarthy wird Vorsitzender des „Ausschusses für antiamerikanische Umtriebe" und beginnt eine Verfolgungsjagd auf Künstler und Intellektuelle mit kommunistischer Vergangenheit oder kommunistischen Ambitionen. Nicht nur der ehemalige Kommunist Heinrich muss nun darum fürchten, die amerikanische Staatsbürgerschaft nicht zu bekommen, auch Hannah könnte ihre Staatsbürgerschaft wieder aberkannt werden. In dieser Situation setzt sich Hannah trotzdem zur Wehr, und sie veröffentlicht einen Artikel, in dem sie diese Kampagne gegen die Kommunisten als ein Vorgehen mit totalitären Grundgedanken entlarvt und öffentlich anprangert. Mit ihrem Mut ist sie gerade in diesen Zeiten der Denunziation und Ungewissheit für ihre Freunde eine Art Fels in der Brandung.

Von März bis Juli 1952 reist sie erneut nach Europa. Sie will eine Ergänzung zu ihrem Werk über den Totalitarismus verfassen und sich deshalb hauptsächlich in Bibliotheken aufhalten. Doch auch wenn ihr Werk noch nicht auf Deutsch erschienen ist, so eilt ihr der Ruf dieses Werkes bereits voraus, und sie wird zu vielen Vorträgen eingeladen. Auch nutzt sie die Gelegenheit, alte Freunde und Bekannte wiederzutreffen, wie z.B. Anne Weil, das Ehepaar Jaspers und schließlich auch Martin Heidegger.

Wieder zurück in den USA nimmt sie an mehreren Tagungen teil und wird von den Universitäten Harvard und Princeton zu Vorlesungen eingeladen. 1954 erhält sie den Literaturpreis des „National Institute for Arts and Letters" für ihr Totalitarismus-Buch. Im selben Jahr bietet ihr die University of California in Berkeley eine Professorenstelle an. Sie schlägt das Angebot jedoch aus, da es sie von ihren Reisen ab- und von Heinrich und ihren Freunden fernhalten würde. Allerdings sagt sie auf Drängen der Universität zu, im Frühjahr 1955 ein Semester lang dort zu unterrichten. In Berkeley hat sie sich ein großes Arbeitspensum vorgenommen, das neben Vorlesungen, Seminaren und Sprechstunden auch Vorträge und eigene Recherchen in Bibliotheken beinhaltet. Obwohl sie bei ihren Studenten außerordentlich beliebt ist, zieht sie für sich selbst das Fazit, nicht dauerhaft als Professorin zu arbeiten. Lehren heißt für sie, am Schicksal und an der Person ihrer Studenten Anteil zu nehmen. Dies aber will und kann sie nicht dauerhaft leisten, denn sie braucht für sich selbst Phasen des Rückzuges, in denen sie sich von der Öffentlichkeit entfernen kann.

Im Herbst 1955 reist sie erneut nach Europa. Neben Vorträgen, Kongressen und Verwandtenbesuchen steht aber diesmal auch Zeit für Tourismus auf dem Programm. So will sie vor allem Italien und Griechenland kennenlernen. Von beiden Ländern ist sie begeistert, wobei ihr die Farben in Italien doch noch besser gefallen. Auch nach Israel fährt sie, um dort Verwandte zu besuchen. Allerdings fühlt sie sich hier unwohl, da die Kibbuzim, die sie besichtigt, in schlechtem Zustand sind, und sie die Atmosphäre im Land als äußerst spannungsgeladen wahrnimmt. Sie ist froh, als ihre Reise dort zu Ende geht, und sie wieder zu Karl Jaspers nach Basel fahren kann. Noch während sie die Jaspers' besucht, erscheint die deutsche Ausgabe ihres Werkes zum Totalitarismus. Es wird ein so großer Erfolg, dass die Zeitungen ausführlich über ihre Vortragsreise in Deutschland berichten.

Im Jahr 1957 kommt es zu heftigen Rassenunruhen in den amerikanischen Südstaaten. Der Oberste Gerichtshof in Arkansas entscheidet, dass die Rassentrennung an Schulen verfassungswidrig ist und dass Schulen, die ausschließlich weiße Kinder aufgenommen hatten, von nun ab auch für schwarze Kinder zugänglich sein müssen. Gerade in der Hauptstadt Little Rock führt dies zu großem Widerstand innerhalb der weißen Bevölkerung. Der dortige Gouverneur setzt sogar die Nationalgarde ein, um schwarze Kinder am Betreten der Schule zu hindern. Hannah Arendt wird anlässlich dieser Ereignisse von der Zeitschrift „Commentary" gebeten, einen Artikel zu schreiben. Die Arbeit, die sie Ende 1957 einreicht, führt jedoch zu großer Verwirrung und Bestürzung. Sie vertritt hier die Ansicht, dass Kinder nicht in politische Konflikte hineingezogen werden sollen, da diese Sphäre allein den Erwachsenen vorbehalten ist. Nicht die Kinder sollen die Leidtragenden der Konflikte der Erwachsenen werden. Deshalb plädiert sie für die Beibehaltung der Rassentrennung an der Schule. Ein solches Ergebnis hat die Redaktion von „Commentary" nicht erwartet. Hilflos zögert man hier so lange, bis Hannah schließlich den Artikel zurückzieht.

Ende September 1958 soll Karl Jaspers für sein Werk *Die Atombombe und die Zukunft des Menschen* der Friedenspreis des Deutschen Buchhandels in der Frankfurter Paulskirche verliehen werden. Hannah wird gebeten, die Laudatio zu halten, was sie nach längerem Zögern auch gerne tut. Nach ihrer Rückkehr aus Frankfurt am Main ist ihr neuestes Werk mit dem Titel *The Human Condition* – das 1960 auf Deutsch unter dem Titel *Vita activa oder Vom tätigen Leben* veröffentlicht wird – in Amerika erschienen. Es ist ein so großer Erfolg, dass bereits nach vier Monaten eine zweite Auflage herausgebracht wird.

1959 bietet die Universität Princeton Hannah wieder eine Dozentur an, die sie ein Semester lang wahrnimmt. Im Herbst desselben Jahres interessiert sich die Zeitschrift „Dissent" für ihre Artikel zur Rassentrennung. Obwohl sie ihren Standpunkt nicht ändert, wird der Artikel nun gedruckt. Allerdings reagieren amerikanische Intellektuelle und auch ihre Freunde sehr negativ darauf. Trotzdem wird gerade dieser Artikel mit dem Preis der Longview Foundation ausgezeichnet. Ende September 1959 erhält sie noch eine weitere Auszeichnung für ihre Werke, nämlich den Lessing-Preis.

Im August 1960 bereitet sie sich in den Ferien auf mehrere Kongresse und auf Seminare vor, die sie im Herbst an der Columbia University halten soll. Auch schwebt ihr ein neues Buch vor, in dem sie sich mit dem auseinandersetzen will, was eigentlich eine Revolution ist. Zu dieser Zeit werden die Nachrichten von einem großen Thema beherrscht: Adolf Eichmann, ein Nazi, der bei der Judenvernichtung eine zentrale Rolle gespielt hat, wurde vom israelischen Geheimdienst aus Argentinien, wohin er geflüchtet war, entführt. In

Jerusalem soll ihm nun der Prozess gemacht werden. Sie interessiert sich sehr für diesen Fall und nach ihrer Rückkehr aus den Ferien fragt sie bei der Zeitschrift „The New Yorker" an, ob sie für die Zeitschrift als Prozessberichterstatterin nach Jerusalem reisen könne. Der „New Yorker" nimmt ihr Angebot an und übernimmt sogar sämtliche Reisekosten.

Sie verschiebt alle Verpflichtungen, die sie bis dahin schon eingegangen ist, und reist am 8. April 1961 nach Jerusalem. Am 11. April beginnt die Verhandlung, die sie mit großem Interesse verfolgt. Dabei sieht sie keineswegs ein Ungeheuer vor sich, sondern vielmehr ein „Gespenst in der Glaskiste"[14], das sich nicht durch Fakten, sondern mit Stimmungen und Gefühlen herauszureden versucht. Für sie ist er ein „Hanswurst"[15], vollgestopft mit Redensarten, der unfähig ist, „eine Sache von einem anderen Standpunkt zu sehen als dem seinen"[16]. Sie kann Adolf Eichmann nicht ernst nehmen, er wirkt auf sie lächerlich. Deshalb erscheinen ihr auch seine ungeheuerlichen Taten eher grotesk als erschütternd. Letztendlich scheint er auch nicht der Hauptorganisator der Judenvernichtung zu sein, sondern seine Rolle war diejenige eines subalternen Funktionärs, der immer wieder hervorhebt, dass er „seine Pflicht getan hat"[17]. Trotz all der Lächerlichkeit, die Eichmann auf sie ausstrahlt, hält sie ihn doch für einen typischen Nazi, der schuldig ist. Weiterhin beschäftigt sie jedoch die Frage, warum ein totalitäres System mit Menschen wie Eichmann, der für sie oberflächlich und gedankenlos ist, aufrecht erhalten werden kann.

Im Juni trifft sie Heinrich in Zürich. Er ist zum ersten Mal seit seiner Flucht wieder in Europa, und sie bereisen Italien, bevor sie beide zu den Jaspers' nach Basel fahren. Ab August sind beide wieder in New York und gehen ihrer Arbeit nach. Hannah gibt nun Kurse an der Wesleyan University und hat vor, den Bericht über den Eichmann-Prozess zu schreiben. Am 15. Dezember wird Eichmann in allen Anklagepunkten für schuldig befunden und zum Tode verurteilt. Ihr Bericht wird nun mit Spannung erwartet, sie aber möchte zuerst ihr Werk über die Revolution vollenden, das 1963 mit dem Titel *On Revolution* veröffentlicht wird, bevor sie sich dem Prozessbericht widmet. Als Eichmann am 31. März 1962 gehängt wird, zieht sie sich zurück, um endlich über seinen Prozess zu schreiben.

Der erste von fünf Artikeln erscheint am 16. Februar 1963 im "New Yorker" unter dem Titel *Eichmann in Jerusalem: A Report on the Banality of Evil*. Zu dieser Zeit weilt Hannah aber nicht in New York, sondern in Basel, wo Karl Jaspers seinen 80. Geburtstag feiert. Dafür steht aber Heinrich umso mehr unter Beschuss. Viele Anrufer melden sich bei ihm, die empört auf ihre Artikel reagieren – die meisten davon sind Juden. Im März wird ihr und ihrem Bericht, der auch als Buch erscheinen soll, sogar von seiten des deutschen Judenrates der Krieg erklärt. Hannah, die in Europa weilt, lässt der Rummel um ihre Veröffentlichung ziemlich kalt. Zusammen mit Heinrich, der nach Europa nachkommt, bereist sie Griechenland und Sizilien und schließlich das italienische Festland. In Rom wird sie dann doch wieder mit ihrem Eichmann Bericht konfrontiert, was sie aber ebensowenig kümmert. Erst als sie Ende Juni nach New York zurückkehrt, wird Hannah bewusst, wie empört die Menschen auf ihr Werk reagieren. Sie hat unendlich viel Post bekommen und spricht Jaspers gegenüber von einer „Kampagne"[18], die in ihrer Abwesenheit gegen sie gestartet wurde und die nun auf Hochtouren läuft.

Die Antidiffamierungsliga (ADL) bezeichnet sie als „Verräterin am eigenen jüdischen Volk"[19], und die Zeitschrift „Aufbau" wird zu einem Forum all ihrer Kritiker. Vor allem wird ihr vorgeworfen, wie sie die Rolle der Judenräte im Dritten Reich dargestellt habe, und ein weiterer Vorwurf trifft ihre Prägung des Begriffes von der „Banalität des Bösen". Aber nicht nur in Zeitungsartikeln wird sie angegriffen. Das Erscheinen der Buchausgabe wird zu verhindern versucht, in der Öffentlichkeit werden Vorträge gegen sie gehalten, an Universitäten wird in jüdischen Studentenvereinen gegen sie gesprochen und die ADL verfasst Schreiben an alle New Yorker Rabbiner mit der Aufforderung, gegen Hannah Arendt zu predigen. Gute Freunde wenden sich von ihr ab. Auch begegnet ihr viel Heuchelei. Menschen, die ihr unter vier Augen ihre Bewunderung für das Buch ausdrücken, sind nicht dazu bereit, dies auch in der Öffentlichkeit zu tun. Einzig Bruno Bettelheim tritt öffentlich für sie auf, jedoch endet sein Vortrag in einem großen Tumult.

Sie selbst bleibt ruhig. Für sie geht es bei dieser Kampagne um etwas anderes, als um ihr Buch; es geht nur um ein Zerrbild ihres Buches, das selbst nicht mehr gelesen wird. Die Kampagne berufe sich auf falsche Behauptungen. In dieser Situation steht sie vollkommen hinter ihrem Buch und in vollem Bewusstsein, dass sie Recht hat, weicht sie nicht von ihrem Denken ab. In dem Interview mit Günter Gaus sagt sie zu dieser ganzen Situation:

> „[...] es hat mich jemand gefragt: Wenn Sie das und das vorausgesehen hätten, hätten Sie das Eichmann-Buch nicht anders geschrieben? Ich habe geantwortet: Nein. Ich wäre vor der Alternative gestanden, zu schreiben oder nicht zu schreiben. Man kann ja die Schnauze halten."[20]

Jedoch zehrt die öffentliche Hetze mehr an ihrer Seele, als sie es sich eingestehen will, vor allem, als sie nun auch in Deutschland angefeindet wird, wo die Übersetzung des Werkes 1964 erscheint. Anerkennung erfährt sie trotzdem von anderer Seite. Seit 1962 lehrt sie an der Universität von Chicago, wo sie von den Studenten bewundert wird. Auch steigt ihr Ansehen an der Universität zusehends: Sie wird zu vielen Vorträgen eingeladen, ihr wird der Ehrendoktortitel verliehen und sie wird in das *„National Institute for Arts and Letters"* aufgenommen.

1965 beginnt der Krieg in Vietnam. Hannah Arendt hält ihn für verrückt und vergeblich. Sie verspürt auch keinerlei Bedürfnis, sich einer Protestbewegung anzuschließen. Mit großem Interesse verfolgt sie allerdings die Studentenbewegungen, die als Reaktion auf den Krieg entstehen. Als 1966 Studenten der Universität Chicago das Hauptgebäude besetzen, beteiligt sie sich an den Diskussionen und unterstützt die Studenten, die ihren Rat suchen. Als im März 1968 die Studentenunruhen auch in Europa – vor allem in Paris – beginnen, ist sie begeistert. Dem Sohn ihrer Freunde aus Pariser Tagen, Daniel Cohn-Bendit, schreibt sie sogar und bietet ihm finanzielle Unterstützung an. So begeistert sie auch von dieser echten Handlung der Studenten ist, so sehr kritisiert sie hingegen, dass die Proteste sich gegen Missstände richten, die nichts mit den Zuständen in Frankreich oder Deutschland zu tun haben, die also zu weit weg sind, als dass wirklich ein Risiko eingegangen werden müsste.

Anfang 1969 stirbt Jaspers. Den Sommer verbringt das Ehepaar Blücher wieder in Europa. Zum ersten Mal besuchen sie gemeinsam die Heideggers. Auch Martin Heidegger ist alt geworden. Im Oktober 1970 stirbt Heinrich Blücher. Nach seinem Tod kümmert sich Mary McCarthy sehr um Hannah Arendt. Diese lebt zeitweise in der Wohnung über Marys Garage und schreibt dort einen Essay mit dem Titel *Die Lüge in der Politik*, der große Beachtung findet. Sie wird zu vielen Vorträgen eingeladen, arbeitet weiter an der New School und nimmt an verschiedenen Tagungen teil. Ende 1971 erkrankt sie; der Arzt stellt eine Angina fest und verordnet Schonung. Trotzig schreibt sie hierüber ihrer Freundin Mary:

> „Da ich sicher nicht für meine Gesundheit leben werde, werde ich tun, was ich für richtig halte – alles vermeiden, was mich in eine unerfreuliche Situation bringen könnte, womit ich eine Situation meine, in der ich gezwungen bin, Umstände zu machen."[21]

Trotzdem denkt sie über ihre Pensionierung nach. Begünstigt wird diese Überlegung noch dadurch, dass 1971 ihr Antrag auf Entschädigung erfolgreich war. Somit wird ihr die Pension eines Hochschullehrers zugesprochen und rückwirkend entgangene Gehälter gezahlt. Diese Entscheidung des Bundesverfassungsgerichts wird als Präzedenzfall unter dem Namen „Lex Arendt" bekannt.

Im Sommer 1972 ist sie als Gast der Rockefeller Foundation an den Comer See geladen. Hier beginnt sie mit einem neuen Buch, welches das Gegenstück zur *Vita activa* werden soll: Die *Vita contemplativa*, in der sie sich mit dem Denken, dem Wollen und dem Urteilen beschäftigen will. Ein Jahr später wird sie von der Universität von Aberdeen in Schottland eingeladen, wo sie die so genannten „Gifford Lectures" halten soll. Hier kann sie sich bereits zu ihrem neuen Buchprojekt äußern und hält Vorlesungen über *Das Denken*. 1974 ist sie wieder dort, um über *Das Wollen* zu lesen, jedoch kann sie die Vorträge nicht zu Ende halten, da sie am 5. Mai einen Herzinfarkt erleidet. Trotz der schweren Krankheit lässt sie sich wieder nichts von den Ärzten sagen. Sie reist in die Schweiz, wo sie sich einen langen Urlaub gönnt, fährt aber trotzdem auch zu Heidegger nach Freiburg, wo sie sich sehr über Elfriede Heidegger ärgert, die ihren Mann vor Aufregungen schützen will und Hannah keinen Augenblick mit ihm alleine lässt.

Wieder in New York schont sich Hannah auch nicht. Sie unterrichtet an der New School for Social Research, hält Vorträge und will ihr Buch zu Ende schreiben. Außerdem ist sie auf der Höhe ihres Ruhmes. Ständig werden ihr Preise und Ehrungen zuteil. Anlässlich der Zweihundertjahrfeier der amerikanischen Unabhängigkeit hält sie in Boston eine Rede, in der sie den Vietnam-Krieg und die Watergate-Affäre verurteilt und dazu aufruft, sich wieder auf die Wurzeln der Republik zu besinnen. Diese Rede bringt ihr viel Verehrung ein und noch in Europa, wo sie ab Mai 1975 weilt, erhält sie viele Verehrer-Briefe.

Am 14.10. feiert sie gemeinsam mit Freunden ihren 69. Geburtstag. Am 4. Dezember lädt sie sich Freunde zu Besuch ein. Während sie den Kaffee servieren will, bekommt sie einen Hustenanfall und wird ohnmächtig. Die Freunde alarmieren den Hausarzt und eine weitere Freundin, doch als diese eintreffen, ist Hannah Arendt bereits verstorben.

1.2 Leben in der Pluralität

1.2.1 Die Familie

Hannah Arendt wird in eine wohlhabende jüdische Familie hinein geboren, die seit Generationen in Königsberg ansässig ist. Ihr Großvater väterlicherseits, Max Arendt, dessen Familie seit dem 18. Jahrhundert in Königsberg lebt, gilt als bedeutender Mann mit viel Einfluss. Er ist Vorsitzender der Stadtverordnetenversammlung sowie der liberalen jüdischen Gemeinde. Sein Sohn Paul, Hannahs Vater, ist eines von zwei Kindern, die er zusammen mit Johanna Wohlgemuth hat. Nach deren Tod 1880 heiratet er ihre Schwester Klara. Der Großvater mütterlicherseits, Jacob Cohn, flieht 1852 vor der judenfeindlichen Politik des Zaren Nikolaus aus Russland. Er gründet in Königsberg eine Firma für Teeimport, die zu einem der größten Königsberger Unternehmen wird. Martha Cohn, Hannahs Mutter, entstammt seiner zweiten Ehe mit Fanny Eva Spiro.

Als Martha Cohn und Paul Arendt 1902 heiraten, scheint dem Paar eine glänzende Zukunft bevorzustehen. Martha ist 28 Jahre alt und hat gerade drei Jahre lang in Paris Französisch und Musik studiert, Paul ist 29 Jahre alt und studierter Ingenieur. Den beiden steht ein finanziell sorgenfreies Leben bevor und sie haben viele gemeinsame Interessen, so auch die Sympathie für sozialistische Ideen. Sie ziehen nach Hannover, wo Paul eine Stelle als Ingenieur antritt.

Allerdings liegt ein Schatten auf der jungen Verbindung, denn Paul hat sich früh mit Syphilis infiziert. Die Behandlungen, denen er sich unterzieht, scheinen erfolgreich zu sein und die Symptome der Krankheit verschwinden gänzlich. Trotzdem wartet das junge Paar zunächst mit eigenen Kindern, da das Risiko der Erkrankung weiterhin besteht. Erst als sich nach Jahren keinerlei Anzeichen der Krankheit mehr zeigen, beschließen beide Kinder zu haben. Am 14. Oktober 1906 kommt die Tochter zur Welt, die nach ihrer Großmutter mütterlicherseits Johanna genannt wird. Einige Zeit später zeigt sich allerdings, dass Paul Arendt keineswegs von der Syphilis geheilt ist, im Gegenteil muss man nun mit dem schlimmsten Verlauf rechnen. Paul Arendt kann nicht mehr arbeiten, er fällt als Ernährer der Familie aus. Die junge Familie Arendt kehrt 1910 nach Königsberg zurück, um hier im Schutz der Familien Cohn und Arendt zu leben.

Martha möchte ihrer Tochter trotz der Krankheit ihres Vaters ein unbeschwertes Leben ermöglichen. Hannah weiß, dass der Vater krank ist und spielt häufig mit ihm Karten oder sie spielt die Krankenschwester, die ihren Vater betreut. Paul Arendt allerdings kann mit seiner Tochter nicht viel anfangen. Durch die Krankheit zur Untätigkeit verdammt, reagiert er umso gereizter, wenn auch sie Aufmerksamkeit fordert. Schließlich kann er nicht mehr zu Hause gepflegt werden und muss im Sommer 1911 in eine psychiatrische Klinik eingewiesen werden. In dieser Zeit wird der Großvater Max Arendt sehr wichtig für die kleine Hannah. Er geht viel mit ihr spazieren und kümmert sich sehr um sie. Sonntags nimmt er sie auch manchmal mit in die Synagoge. Im Jahr 1913 verliert Hannah allerdings sowohl den Großvater als auch den Vater. Beide werden von Hannah nicht mehr erwähnt. Im Gegenteil, sie zeigt keine Anzeichen von Trauer, vielmehr ist sie vergnügt und unbeschwert. Dieses Verhalten verwundert Martha Arendt.

Nach dem Tod ihres Mannes verreist Martha jedoch viel. Ihre Tochter, die bereits eingeschult ist, wird in diesen Zeiten von ihren beiden Großmüttern Fanny und Klara betreut. Jedesmal, wenn Martha nach Königsberg zurückkehrt, wundert sie sich erneut über die Reaktion ihres Kindes. Aufgrund ihres Verhaltens weiß Martha nie, ob sie sich wirklich über das Wiedersehen freut oder nicht. In einem Brief an Heinrich Blücher aus dem Jahre 1948 gibt Hannah für ihr Verhalten die mögliche Erklärung, dass sie immer versucht habe, allen Erwartungen zu entsprechen, weil sie sich nicht zu helfen wusste[22].

Martha Arendt behütet ihr Kind, wo sie nur kann. Da sie zu den liberalen Juden gehört, will sie sich so wenig wie möglich von den nicht-jüdischen Mitbürgern unterscheiden. In der Familie Arendt wird sogar Weihnachten in christlicher Tradition gefeiert, d.h. mit Christbaum, Bescherung und Weihnachtsliedern. Auch ist das Jude-Sein im Hause Arendt kein Thema, nicht einmal das Wort „Jude" fällt hier, noch wird die Religion praktiziert. „Ich habe von Hause aus nicht gewusst, dass ich Jüdin bin. Meine Mutter war gänzlich areligiös"[23], berichtet Hannah Arendt später in dem Interview mit Günter Gaus. Marthas Interessen sind die Musik, sozialistische Ideen und die Frauenbewegung. Sie ist sehr gesellig und sucht auch Kontakte zu nicht-jüdischen Familien. Hannah selbst erzieht sie in dem Sinne, dass sie sich für Literatur und Musik interessieren soll. Über die Religion wird das Kind nur in der Schule informiert oder bei ihren Großmüttern. Trotzdem ist Martha Arendt nicht gegen die jüdische Religion und sie verleugnet auch keinesfalls ihre Herkunft. Im Gegenteil, denn ihre Tochter berichtet:

> „Sie war selbstverständlich Jüdin. Sie würde mich nie getauft haben! Ich nehme an, sie würde mich rechts und links geohrfeigt haben, wäre sie je dahintergekommen, dass ich etwa verleugnet hätte, Jüdin zu sein. Kam nicht auf die Platte, sozusagen."[24]

Dass sie Jüdin ist, erfährt sie durch antisemitische Äußerungen von Kindern auf der Straße. Von ihrer Mutter lernt sie daraufhin: „Man darf sich nicht ducken! Man muss sich wehren!"[25] Wenn sie von Kindern angegriffen wird, muss sie sich selbst zur Wehr setzen, da es sich hier um gleichberechtigte Gegner handelt. Etwas anderes sind jedoch Angriffe von Seiten der Erwachsenen. So erinnert sie sich:

> „Wenn etwa von meinen Lehrern antisemitische Bemerkungen gemacht wurden – gar nicht mit Bezug auf mich, sondern in Bezug auf andere jüdische Schülerinnen, zum Beispiel ostjüdische Schülerinnen –, dann war ich angewiesen, sofort aufzustehen, die Klasse zu verlassen, nach Hause zu kommen, alles genau zu Protokoll zu geben. Dann schrieb meine Mutter einen ihrer vielen eingeschriebenen Briefe; und die Sache war für mich natürlich völlig erledigt. Ich hatte einen Tag schulfrei, und das war doch ganz schön."[26]

Da sich Martha sehr für Rosa Luxemburg interessiert, freut sie sich, als bei Kriegsende 1918 in Königsberg Soldatenräte gewählt werden. Sie begeistert sich für die Ereignisse und diskutiert lange mit Freunden. Sie nimmt auch ihre Tochter zu diesen Diskussionen mit und will ihr die Persönlichkeit Rosa Luxemburgs näher bringen. Hannah interessiert sich jedoch nicht dafür.

Im Sommer 1920 geht Martha erneut eine Ehe ein, diesmal mit dem verwitweten Geschäftsmann Martin Beerwald, der zwei Töchter hat, Clara und Eva. Allerdings verfehlen Marthas Bemühungen, ihrer Tochter eine Familie zu geben, gänzlich ihre Wirkung. Martin Beerwald kann mit seiner Stieftochter nicht viel anfangen. Auch Clara und Eva können nicht mit Hannahs Lebhaftigkeit mithalten. Zudem interessieren sie sich eher für häusliche Tätigkeiten, als für intellektuelle Studien. Aber auch Hannah macht es dem neuen Familienzuwachs nicht leicht. Sie verhält sich bockig und weigert sich, an Familienfesten teilzunehmen. Überhaupt lässt Hannah ihren Launen hemmungslos freien Lauf. Martha lässt sie gewähren.

Als Hannah von der Schule verwiesen wird, stellt Martha sich hinter sie. Sie nutzt all ihre Beziehungen, damit ihre Tochter auch ohne Abitur studieren kann und erwirkt schließlich, dass sie das Abitur extern absolviert. Auch später engagiert sich Martha immer wieder mit und für ihre Tochter. Als diese 1933 für Kurt Blumenfeld in Berlin antisemitische Äußerungen sammelt, wird Martha gemeinsam mit ihr verhaftet. Im getrennten Verhör gibt sie sich ahnungslos. Die Freilassung feiern beide zusammen mit Freunden mit einer ausgedehnten Sauforgie[27], beschließen aber dann auch gemeinsam die Flucht aus Deutschland. Zuerst geht Hannah nach Paris, Martha kehrt nach Königsberg zurück. Im Jahr 1940 muss sich Martha entscheiden. Sie möchte zu ihrer Tochter nach Paris fliehen, ihr Mann will jedoch in Königsberg bleiben. Martha entscheidet sich schließlich, ihren Mann zu verlassen. Sie zieht in die Wohnung nach Paris, in der Hannah nun mit Heinrich Blücher zusammenlebt. Martin Beerwald wird in einem Königsberger Altersheim an einem Herzinfarkt sterben.

Als Hannah und Heinrich 1940 in verschiedenen Lagern interniert werden, bleibt Martha in Paris allein zurück. Im Oktober trifft sie die beiden in Montauban wieder. Gemeinsam reisen sie nach Marseille. Während Heinrich und Hannah recht schnell zu einem Einreisevisum für die USA kommen, verzögert sich das Verfahren für Martha Arendt. Jedoch erhält auch Martha bald darauf ein Visum. Mitte 1941 kann sie dann ihrer Tochter nach Amerika folgen. Martha tut sich jedoch schwer in den USA. Sie hält ihren Schwiegersohn für faul, da er sich weder um Arbeit, noch um das Erlernen der Sprache bemüht. Die Versorgung der kleinen Familie ruht allein auf Hannahs Schultern. Martha selbst macht sich vor allem im Haushalt nützlich.

Anfang 1948 entschließt sich Martha, Amerika zu verlassen und zu ihrer Stieftochter Eva nach London zu ziehen. Im Juli bricht sie auf, jedoch erleidet sie bei der Überfahrt einen Asthma-Anfall. Sie wird sich nicht mehr erholen. Am 27. Juli verstirbt sie bei ihrer Stieftochter. Hannah ist darüber zugleich erleichtert und traurig. Sie macht sich Vorwürfe, sie habe sich nicht genug um ihre Mutter gekümmert und zieht das Fazit, dass sie nichts „so schlecht gemacht [habe] wie diese Angelegenheit."[28]

1.2.2 Die Lehrer

Hannah Arendt hat das Glück, zwei bedeutende Philosophen des 20. Jahrhunderts zu ihren Lehrern und wichtigsten Wegbegleitern zählen zu dürfen. Es handelt sich hierbei um Martin Heidegger und Karl Jaspers. Beide sind miteinander befreundet und wollen eine Art Kampfgemeinschaft[29] gegen die Professorenphilosophie gründen. Philosophie hat unmittelbar mit dem Leben des Einzelnen zu tun und ist nicht nur der Hort enzyklopädischen oder historischen Wissens. Während Heideggers Philosophie sich um den Einzelnen dreht, der selbst wird und das Leben auf sich nimmt, ist in Jaspers Philosophie das kommunikative Element, der Austausch mit dem Anderen von großer Bedeutung. Beide Positionen lernt Hannah Arendt in ihrer Studienzeit kennen und kann davon für sich selbst, für ihr Leben und für ihre eigenen philosophischen Überlegungen profitieren.

Martin Heidegger

Als Hannah Arendt 1924 zum Studium nach Marburg kommt, gerät sie schnell in den Bann von Martin Heidegger. Er ist 35, Sohn eines Küfermeisters und Messners aus Messkirch und verheiratet. 1923 erhielt der Assistent Edmund Husserls den Ruf nach Marburg. Von seinen Studenten wird er der „Zauberer von Messkirch" genannt. Seine Vorlesungen sind über Marburg hinaus berühmt, und viele Studenten kommen nur seinetwegen an die Universität.

Das erste Treffen zwischen Heidegger und ihr verläuft eher stockend. Er lädt sie in sein Büro ein, sie aber ist sehr verschüchtert und antwortet nur einsilbig auf seine Fragen. Jedoch entwickelt sich aus diesem ersten Treffen eine Affäre, die sich im Geheimen abspielt. Von Anfang an ist zwischen den beiden klar, dass Heidegger seine Frau niemals verlassen wird. Hannah akzeptiert dies und wird zur heimlichen Geliebten. Die Affäre ist wohl auf beiden Seiten äußerst leidenschaftlich. Heidegger sieht die Studentin sogar als seine Muse, ohne die er sein Werk *Sein und Zeit*, das 1927 erscheinen wird, nicht hätte schreiben können. Sie selbst hängt an ihm und fügt sich seinen Anordnungen, mit denen er die geheime Liebschaft regelt. Jedoch kann sie sich hier nicht entfalten und auch nicht ihre eigene Persönlichkeit entwickeln. Ihr fällt eher eine Rolle zu, nämlich diejenige der loyalen Liebhaberin und der Bewunderin. Tatsächliche Gemeinsamkeiten gibt es kaum.

Im Sommer 1925 verlässt sie Marburg, wie sie später gestehen wird, um von Heidegger loszukommen. Trotzdem wird sie ihm den Rest ihres Lebens verbunden bleiben und sogar versuchen, ihm in ihren Werken zu antworten. Als sie bereits in Heidelberg bei Jaspers studiert, ist für Heidegger die Beziehung noch lange nicht zu Ende. Immer wieder kommt es zu heimlichen Treffen. Nur langsam versucht Hannah, ihre Eigenständigkeit aufzubauen und Heideggers Schatten loszuwerden. Erst Ende 1928 möchte Heidegger seinerseits die Beziehung beenden. Er hat *Sein und Zeit* veröffentlicht und wurde zum Nachfolger Edmund Husserls nach Freiburg berufen. Die Beendigung der Beziehung von Seiten Heideggers stürzt Hannah in tiefe Verzweiflung.

1933 wird Heidegger zum Rektor der Universität Freiburg gewählt und tritt in die NSDAP ein. Hannah hört davon, dass er jüdische Studenten benachteiligt oder jüdische Kollegen wie seinen Lehrer Edmund Husserl meidet. Zu diesen Vorwürfen wird er sich später aber dahingehend äußern, dass er eine öffentliche Funktion bekleidete und so handeln musste, um Schlimmeres zu vermeiden. Ansonsten schweigt er zu den Vorgängen in Deutschland. Mit Karl Jaspers bricht er 1936. Nach Kriegsende 1945 muss sich Heidegger einem „Bereinigungsausschuss" stellen. Ihm wird aufgrund eines Gutachtens von Jaspers die Lehrerlaubnis entzogen. 1946 erlebt Heidegger einen körperlichen und seelischen Zusammenbruch. Erst als man sich auch in Frankreich in zunehmendem Maße wieder für seine Philosophie interessiert, wird ihm die Lehrerlaubnis wieder erteilt.

Gegenüber Karl Jaspers beurteilt Hannah Arendt Heideggers Verhalten durchaus kritisch. Sie nennt es „Charakterlosigkeit, aber in dem Sinne, dass er buchstäblich keinen hat"[30]. Weiter schimpft sie im selben Brief vom September 1949:

> „Dieses Leben in Todtnauberg, auf Zivilisation schimpfend und Sein mit einem y schreibend, ist ja doch in Wahrheit nur das Mauseloch, in das er sich zurückgezogen hat, weil er mit Recht annimmt, dass er da nur Menschen zu sehen braucht, die voller Bewunderung anpilgern; es wird ja so leicht nicht einer 1200 Meter steigen, um eine Szene zu machen."[31]

In der Öffentlichkeit jedoch kritisiert sie ihn nicht; sie verteidigt ihn eher. So schreibt sie 1969 anlässlich seines 80. Geburtstages:

> „Nun wissen wir alle, dass auch Heidegger einmal der Versuchung nachgegeben hat, seinen ‚Wohnsitz' zu ändern und sich in die Welt der menschlichen Angelegenheiten ‚einzuschalten' – wie man damals so sagte. [...] Er war noch jung genug, um aus dem Schock des Zusammenpralls, der ihn nach zehn kurzen hektischen Monaten vor fünfunddreißig Jahren auf seinen angestammten Wohnsitz zurücktrieb, zu lernen und das Erfahrene in seinem Denken anzusiedeln. [...] Wir, die wir die Denker ehren wollen, wenn auch unser Wohnsitz mitten in der Welt liegt, können schwerlich umhin, es auffallend und vielleicht ärgerlich zu finden, dass Plato wie Heidegger, als sie sich auf die menschlichen Angelegenheiten einließen, ihre Zuflucht zu Tyrannen und Führern nahmen. Dies dürfte nicht nur den jeweiligen Zeitumständen und noch weniger einem vorgeformten Charakter, sondern eher dem geschuldet sein, was die Franzosen eine ‚déformation professoinnelle' nennen. Denn die Neigung zum Tyrannischen lässt sich theoretisch bei fast allen großen Denkern nachweisen (Kant ist die große Ausnahme)."[32]

Im Februar 1950 treffen sich Hannah Arendt und Heidegger zum ersten Mal wieder. Wie sie beteuert, ist sie aus rein beruflichen Gründen auch nach Freiburg gekommen. Während des Treffens mit Heidegger wird ihr bewusst, dass es für sie unverzeihlich gewesen wäre, wenn sie weiterhin jeden Kontakt mit ihm vermieden hätte. Es kommt zu einer offenen Aussprache zwischen den beiden. Heidegger besteht auch darauf, dass sie ihn am nächsten Tag erneut besuchen soll, um seine Frau Elfriede kennen zu lernen. Zunächst sträubt sie sich, sagt dann aber doch zu. Heidegger hat seiner Frau ihre Affäre gebeichtet, und nun möchte er, dass sich alle drei in Freundschaft begegnen. Nach außen hin willigt Hannah auch ein, hält Elfride Heidegger, die aus ihrer antisemitischen Haltung keinen Hehl macht, allerdings für „mordsdämlich"[33].

1952 kommt es erneut zu einem Treffen zwischen Martin und Elfride Heidegger und Hannah Arendt. Nun macht Elfride aus ihrer Abneigung Hannah gegenüber keinen Hehl mehr. In Martins Abwesenheit kommt es zu einer Szene zwischen den beiden Frauen, was wiederum dazu führt, dass Hannah Arendt Heidegger eine Szene macht. Anscheinend ist das Verhältnis der drei danach besser. Allerdings gibt Hannah nun allein Elfride die Schuld an Martins Verhalten und spricht ihm somit jede eigene Verantwortung für sein Handeln ab. Heidegger selbst ist für sie von „einer fundamentalen Gutartigkeit, einer mich immer wieder erschütternden Zutraulichkeit"[34], wie sie Heinrich Blücher in einem Brief von 1952 versichert, und sie erkennt auch „seine echte Hilflosigkeit und Wehrlosigkeit"[35]. Deshalb fürchtet sie auch die „bei ihm ja immer wieder eintretenden Depressionen"[36] und fühlt sich als seine Beschützerin[37].

Trotz aller Gespräche und Verbundenheit, die sie und Heidegger miteinander teilen, gilt ihre Arbeit nach wie vor nichts bei ihm. Über ihre Werke wird nicht gesprochen. Als sie 1954 in Europa weilt, während ihre Studie zum Totalitarismus in Deutschland erscheint und zum großen Erfolg wird, entschließt sie sich, Heidegger diesmal nicht aufzusuchen. Heidegger muss von ihrem Buch erfahren haben, und sie hat nicht die Kraft, ihn zu besuchen und wieder so zu tun, als würde sie nichts veröffentlichen. Sie schreibt Heidegger aber 1955, nachdem ihr Buch *Vita Activa* erschienen ist. Sie lässt ihm ein Exemplar über den Verlag zuschicken und erklärt hierzu, dass sie ihm unter normalen Umständen das Werk gewidmet hätte, nun aber darauf verzichtet hätte, da es zwischen ihnen nicht „mit rechten Dingen"[38] zugehe. Heidegger scheint ob der versagten Widmung lange Zeit beleidigt zu sein.

Während eines Europabesuchs im Jahr 1967 reist sie erneut nach Freiburg, um Martin Heidegger zu besuchen. Heidegger freut sich über ihr Kommen, doch ihr wird der Aufenthalt bei den Heideggers von Elfride verleidet, die das Gespräch der beiden immer wieder unterbricht. Trotzdem beschließt man zum Abschied, sich künftig zu duzen. 1969 fährt Hannah gemeinsam mit Heinrich zu den Heideggers. Auch wenn Elfride sich nun über zwei Raucher in ihrer Wohnung beklagt, ist die Stimmung eher entspannt und herzlich. Hannah erklärt sich dann auch bereit, einen Beitrag für die Festschrift zu Heideggers 80. Geburtstag zu liefern.

Nach Heinrichs Tod besucht Hannah die Heideggers auch weiterhin, wenn sie in Europa ist. Ein Besuch im Sommer 1972 verläuft recht harmonisch, 1974 muss sich Hannah Arendt über Elfride Heidegger ärgern, die sie und ihren Mann unter keinen Umständen mehr alleine lässt, und der letzte Besuch im Sommer 1975 endet mit einer Enttäuschung und der Feststellung: „Heidegger ist nun plötzlich wirklich sehr alt, sehr verändert gegenüber dem letzten Jahr, sehr taub und zurückgezogen, unnahbar, wie ich ihn nie zuvor gesehen habe."[39] Trotzdem überlebt Heidegger sie noch um fünf Monate. Er stirbt im Mai 1976.

Karl Jaspers

„Hie und da taucht unter uns einer auf, der das Menschsein exemplarisch verwirklicht und etwas, was wir sonst nur als Begriff oder Ideal kennen würden, leibhaftig verkörpert. Jaspers hat auf eine einmalige Weise die Verbindung von Freiheit, Vernunft und Kommunikation gewissermaßen an sich selbst exemplifiziert, in seinem Leben exemplarisch dargestellt, um es dann in der Reflexion wieder zu beschreiben [...]."[40]

Mit diesen Worten erinnert Hannah Arendt anlässlich der öffentlichen Gedenkfeier der Universität Basel am 4. März 1969 an ihren verstorbenen Lehrer und Freund Karl Jaspers. Auf Empfehlung Heideggers zieht Hannah Arendt 1925 nach Heidelberg, um dort bei Karl Jaspers zu studieren und zu promovieren. Während Heidegger das Genie war, so ist Jaspers für sie die Vaterfigur, und 1953 wird sie ihm sogar schreiben, dass er der Erzieher war, „der einzige, den ich je habe anerkennen können"[41].

Jaspers will kein Schulwissen vermitteln, sondern er will seine Studenten dazu bringen, selbständig zu denken. Außerdem ist für Jaspers die Kommunikation sehr wichtig. So erwartet er von seinen Studenten dieselbe Offenheit im Gespräch, die auch er ihnen gegenüber demonstriert. Durch Jaspers lernt die eher in sich gekehrte Hannah, aus sich herauszugehen und sich anderen gegenüber zu öffnen. Bei Jaspers verfasst sie auch ihre Doktorarbeit mit dem Thema *Der Liebesbegriff bei Augustinus*, die sie 1928 einreicht und für die Jaspers ihr nur die drittbeste Note gibt. Eine sehr gute Beurteilung stellt er Hannah jedoch aus, als sie sich um das

Stipendium der Notgemeinschaft der deutschen Wissenschaft bewerben will. Mehr noch: Er bittet auch Martin Heidegger darum, ihr ein Gutachten auszustellen, was dieser bereitwillig tut.

Karl Jaspers' Frau Gertrud ist Jüdin. Nach der „Kristallnacht" am 9. November 1938 wird auch die Lage für die Jaspers' in Deutschland gefährlich. Da Karl sich weigert, sich von seiner jüdischen Frau zu trennen, wird er frühzeitig in den Ruhestand versetzt und ihm werden sämtliche Publikationen verboten. Das Ehepaar trägt nun ständig Giftkapseln bei sich, da beide entschlossen sind, gemeinsam zu sterben, sollte Gertrud aufgefordert werden, sich in einem Lager einzufinden. Soweit kommt es aber nicht, und nach Kriegsende 1945 nimmt Hannah sofort wieder den Kontakt zu den Jaspers auf, nachdem sie erfahren hat, dass beide die Zeit des Nationalsozialismus gut überstanden haben. Sie schickt ihnen auch sofort Care-Pakete.

Jaspers' Stellung hat sich nun ebenfalls geändert. War er zur Zeit des Nationalsozialismus geächtet, so ist er nun in der Nachkriegszeit wieder zu großem Ansehen gekommen. Er wurde sogar gebeten, für die französische Militärregierung ein Gutachten über Heidegger zu verfassen, der sich vor einem „Bereinigungsausschuss" verantworten muss. Obwohl Jaspers und Heidegger nun wieder Kontakt habe, bleibt Jaspers nach wie vor skeptisch. Mehr als diese positive Entwicklung in Deutschland hinsichtlich seiner Person und seines Denkens freut Jaspers allerdings, dass Hannah sich nicht von ihm abgewendet hat, und er nimmt regen Anteil an ihren Berichten über ihre Flucht und ihr Leben in New York.

Ende 1949 besucht sie Karl Jaspers, der inzwischen in Basel lebt. Sie erlebt erneut die rückhaltlosen Gespräche, die sie von ihrem ehemaligen Lehrer kennt und an ihm so schätzt. Auch von Heidegger ist die Rede. Jaspers zeigt ihr die Briefe, die Heidegger ihm geschrieben hat, und sie gesteht Jaspers nun das frühere Verhältnis, was Jaspers sehr aufregend findet. Von nun ab besucht Hannah das Ehepaar Jaspers jedes Mal, wenn sie nach Europa kommt, so auch 1952, als sie das Angebot der Jaspers annimmt, mit ihnen gemeinsam die Ferien in St. Moritz zu verbringen. Wenn sie in Amerika ist, schreiben sie und Jaspers sich regelmäßig. Dabei geht es ebenso um Hannahs Leben in Amerika, wie um politische Thematiken, Hannahs und Karls Werk oder um philosophischen Gedankenaustausch. Im Gegensatz zu Heidegger, zu dem Hannah nach wie vor Zugang sucht, um mit ihm ins Gespräch zu kommen, und der sich für ihr Wirken und Leben nicht interessiert, nimmt Jaspers lebhaft Anteil an allem, was sie erlebt. Zwischen den beiden entsteht eine wirkliche Kommunikation zweier gleichberechtigter Partner.

1958 hält sie die Laudatio in der Frankfurter Paulskirche, als Karl Jaspers der Friedenspreis des Deutschen Buchhandels verliehen wird. Dies allerdings erst nach längerem Zögern, denn zunächst trägt sie Bedenken, ob das Halten einer Laudatio für Jaspers nicht Heidegger verärgern würde, der sich dann zurückgesetzt fühlen könnte. Nachdem aber Heinrich ihr zu verstehen gibt, dass Heidegger nicht der Nabel der Welt sei, kreisen ihre Sorgen mehr um die Fragen, was sie anziehen soll und wie sie den Bundeskanzler Theodor Heuss richtig anspricht. Kaum sind diese Probleme bewältigt, lässt sie sich allerdings auch schon wieder auf eine Diskussion mit Gertrud Jaspers ein die Farbe des zu tragenden Anzugs betreffend.[42]

Hannah setzt sich für Karl Jaspers ein, wo sie kann. In Amerika kümmert sie sich um die Übersetzung und die Veröffentlichung seiner Werke. Auch zitiert sie ihn so oft sie kann in ihren Unterrichtsstunden und Vorlesungen. Aber auch Karl Jaspers setzt sich in Deutschland für Hannah ein. Als sie einen Antrag auf Wiedergutmachung für die entgangene Hochschulkarriere in Deutschland stellen will, verfasst Jaspers ein Gutachten, in dem er sich sehr positiv äußert. Doch erst im zweiten Anlauf, 1971, wird ihrem Antrag stattgegeben. Im Juli 1961 besucht Hannah Arendt das Ehepaar Jaspers erneut. Diesmal ist sie zum ersten Mal in Begleitung ihres Mannes Heinrich, den sie ihrem Lehrer vorstellt. Beide Männer verstehen sich außergewöhnlich gut. Sie feiern eine „Orgie der Freundschaft"[43] und vereinbaren, sich in Zukunft zu duzen. Am 23. Februar 1963 feiert Karl Jaspers seinen 80. Geburtstag, bei dem auch Hannah zugegen ist. Zur gleichen Zeit erscheint ihr Eichmann-Bericht und die Kampagne gegen sie beginnt. Jaspers steht in dieser Situation hinter ihr. Er findet das Buch großartig und plant nun seinerseits ein Werk, in dem er ihren Bericht unterstützen und als Beispiel für Unabhängiges Denken ausweisen möchte. An diesem Projekt hält er solange fest, bis sie es ihm 1966 ausreden kann.

Schon bei ihrem Besuch 1965 bemerkt sie seine körperliche Hinfälligkeit. Geistig ist er aber noch sehr wach. Ein Jahr später ist er nur noch ein Schatten seiner selbst. Hannah hat das Gefühl, ihn zum letzten Mal gesehen zu haben, jedoch können sie und Heinrich ihn 1967 nochmals besuchen. Jaspers ist gebrechlich und kann sich nicht mehr ohne Schmerzen bewegen. Bei einem erneuten Besuch ein Jahr später kann sich Jaspers schon nicht mehr ohne die Hilfe eines Gestells fortbewegen. Am 26. Februar 1969 telegraphiert Gertrud Jaspers, dass Karl Jaspers verstorben sei. In ihrer Trauerrede betont Hannah: „ So wie *er* spricht niemand mehr und hat niemand gesprochen, und wird wohl sobald niemand mehr sprechen."[44]

1.2.3 Die Ehemänner

In einem Brief an Heinrich Blücher schreibt Hannah Arendt: „[...] ich habe immer gewusst – schon als Gör –, dass ich wirklich nur existieren kann in der Liebe. Und hatte gerade darum solche Angst, dass ich einfach verloren gehen könnte."[45] Hier zeigen sich zwei gegensätzliche Aspekte, wie sie sich selbst versteht und mit Beziehungen umgeht. Einerseits braucht sie die Liebe des Anderen und die Liebe zum Anderen, ohne sie könnte sie nicht leben. Andererseits fürchtet sie aber auch, dass sie sich in dieser Liebe zum Anderen zu sehr auf den Anderen konzentriert und dadurch ihre eigene Persönlichkeit verliert. Die Konsequenz daraus wäre, nicht mehr zu lieben, was dann aber auch wieder eine existentielle Bedrohung wäre. Beide Aspekte lebt sie mit ihren beiden Ehemännern aus.

Günther Anders

Die Liebe ist es wohl nicht, die Hannah und Günther Stern zusammenbringt, vielmehr scheint sie bei ihm Zuflucht zu suchen vor Heidegger. Es geht ihr hauptsächlich darum, mit jemandem zusammen zu sein, an den sie sich nicht rettungslos verliert, sondern bei dem sie ihre eigene Persönlichkeit entfalten kann.

Kennengelernt haben sich die beiden bereits in Marburger Tagen, aber erst, als sie sich in der Silvesternacht 1928/1929 in Berlin wiedertreffen, kommen sie zusammen. Günther Stern stammt aus einer assimilierten jüdischen Familie. Seine Eltern sind recht bekannt, da sie beide ein Werk über Kinderpsychologie geschrieben haben, das in Wissenschaftskreisen sehr geschätzt wird. Wegen dieser berühmten Eltern ist Hannahs Mutter sehr stolz auf ihre Tochter und auf den Schwiegersohn. Günther Stern selbst hofft auf eine universitäre Karriere. Er scheint in Frankfurt gute Chancen zu haben, denn nach einem Probevortrag wird er gebeten, dort seine Habilitationsschrift in Philosophie anzufertigen. Das junge Paar zieht nach Frankfurt, jedoch zerschlagen sich sämtliche Pläne, als Günters Habilitationsschrift 1931 nicht angenommen wird. Die Sterns kehren nach Berlin zurück, und Günther Stern hat als Journalist viel Erfolg. Er schreibt für das Feuilleton des *Berliner Börsen Courier*. Da jedoch der Name Stern weitverbreitet ist, und die Hälfte aller Journalisten so heißt, gibt der Chef des Feuilletons Günther Stern auf dessen Bitte den Nachnamen Anders. Von nun ab heißt Hannah Arendts Mann Günther Anders.

Die Ehe der beiden gerät bald in Krisen. Immer wieder macht er ihr Vorhaltungen wegen ihres Rauchens, aber auch andere Gründe führen dazu, dass die Ehe bald zerrüttet ist. Rückblickend wird sie diese Ehe als Hölle beschreiben.[46] Im

Februar 1933 verlässt Günther Anders Berlin. Er geht nach Paris ins Exil – ohne seine Frau. Als sie im August auch nach Paris flüchtet, lebt sie zunächst wieder mit Günther Anders zusammen. Allerdings haben sie sich nicht mehr viel zu sagen. 1936 wandert Günther Anders nach Amerika aus. Ende 1939 wird das Paar geschieden.

Die Verbindung reißt dennoch nicht ganz ab, denn 1940 setzt sich Günther Anders in Amerika dafür ein, dass sie die Einreisevisa für sich, Heinrich und ihre Mutter erhält. 1951 sorgt Günther Anders, der wieder nach Europa zurückkehren möchte, sogar dafür, dass Heinrich Blücher seine Kurse an der New School for Social Research übernehmen kann. Im Mai 1961 trifft sich Hannah in München mit ihrem Ex-Mann. Die Aussicht auf dieses Treffen macht sie nervös, während des Treffens selbst ist sie entsetzt. Günther ist abgemagert und sieht heruntergekommen aus, spricht aber ständig nur von seinen Erfolgen und dem Ruhm, den er zu erwarten hat. Für sie sieht es aber eher so aus, als ob er vor dem absoluten Nichts steht, dies aber nicht realisieren will. Seine Abreise empfindet sie schließlich als Erleichterung.

Heinrich Blücher

Erst mit Heinrich Blücher findet Hannah Arendt das große Glück ihres Lebens. Dies scheint ihr schon sehr früh klargeworden zu sein, denn bereits 1937, ein Jahr nachdem sich beide kennen gelernt haben, schreibt sie Heinrich:

> „Und als ich Dich dann traf, da hatte ich endlich keine Angst mehr [...]. Immer noch scheint es mir unglaubhaft, dass ich beides habe kriegen können, die ‚große Liebe' und die Identität mit der eigenen Person. Und habe doch das eine erst, seit ich auch das andere habe."[47]

Sie lernt Heinrich Blücher 1936 in Paris bei Freunden kennen, mit denen sie sich regelmäßig trifft, um gemeinsam zu reden und zu diskutieren. Auch er ist ein Flüchtling, der sich allerdings illegal in Paris aufhält. Er wirkt von seinem Auftreten her jedoch nicht so arm, wie er in Wirklichkeit ist, denn er erscheint mit Anzug, Hut und Spazierstock. Außerdem verschweigt er seinen wahren Namen und nennt sich Heinrich Larsson. Sie ist von diesem deutschen Kommunisten sofort begeistert, ebenso wie er von ihr. Jedoch hält sie sich noch zurück, da sie sich gerade von Günther Anders getrennt hat und ihre politische Arbeit zu dieser Zeit als wichtiger erachtet. Trotzdem ziehen beide noch im gleichen Jahr zusammen.

Heinrich wuchs vaterlos in einem proletarischen Berliner Milieu auf. Seine Mutter, eine Wäscherin, konnte ihrem Sohn immerhin eine Ausbildung als Lehrer finanzieren, die er allerdings bei Beginn des Ersten Weltkrieges abbrechen musste. Mit neunzehn Jahren schloss sich Heinrich den Spartakisten um Rosa Luxemburg und Karl Liebknecht an. 1933 musste er flüchten. In Paris hat er sich bereits vom Kommunismus entfernt. Er interessiert sich für Vieles und hat sich als Autodidakt ein großes Wissen erworben. Allerdings verheimlicht er seine Vergangenheit – zunächst auch vor Hannah. Beide teilen viele Interessen wie z.B. das Bedürfnis nach Freunden und den Spaß am Diskutieren. Hannah erlebt bei Heinrich das Gefühl der absoluten Sicherheit. Da beide aber noch mit anderen Partnern verheiratet sind, müssen sie erst ihre jeweiligen Scheidungen abwarten, bevor sie am 16. Januar 1940 heiraten können.

Als im Mai 1940 deutsche Truppen Belgien besetzten, werden die beiden getrennt in Lager eingewiesen. Sie treffen sich zufällig in Montauban wieder, nachdem ihr die Flucht aus ihrem Lager gelungen ist, und er im Zuge der Auflösung seines Lagers befreit wurde. Gemeinsam warten sie in Marseille auf ein Visum für Amerika, wohin sie 1941 übersiedeln. Im Gegensatz zu seiner Frau tut sich Heinrich in Amerika schwer. Er möchte sich nicht um irgendwelche Jobs bemühen, und Englisch will er auch nicht lernen. Er bleibt meistens zu Hause und vertreibt sich die Zeit mit Lesen und dem Besuch deutschsprachiger Kurse in der New School for Social Research. Es kommt zu Konflikten mit Martha Arendt, die ihren neuen Schwiegersohn nicht leiden kann.

Heinrich versucht sich immer wieder mit Arbeiten, die seiner Intellektualität entsprechen, so z.B. als Redenschreiber oder Radiosprecher. Jedoch fällt ihm das Verfassen von Artikeln oder Reden schwer – er ist ein begnadeter Redner. Als solcher erweist er sich 1950 bei einer Veranstaltung im Künstlerklub „The Club", den er häufig aufsucht. Da bei einer Abendveranstaltung die Referenten nicht erscheinen, bittet man Heinrich, einen Vortrag zu halten. Aus dem Stegreif hält er eine Rede, von der alle begeistert sind und aufgrund derer er zu weiteren Vorträgen verpflichtet werden soll. Aber nicht nur bei Vorträgen erweist sich sein Redetalent. Während Hannahs Abwesenheit erweist er sich auch als sensibler Ratgeber im Freundeskreis bei verschiedenen Lebenskrisen sowie als begabter Redner bei Trauungen. Die Rede im „Club" bringt ihm die Stelle an der New School of Social Research ein, die Günther Anders gerade aufgegeben hat. Er hält hier Vorlesungen über Kunst, redet frei und begeistert seine Zuhörerschaft. Auch Heinrich hat somit seinen Weg gefunden.

Heinrich ist für Hannah der stärkste Halt. Mit ihm diskutiert sie, mit ihm führt sie ihr Denken weiter, er inspiriert sie und unterstützt sie. Als sie ihre Reisetätigkeit nach Europa beginnt, verlangt sie von ihm, er solle ihr jede Woche einen Brief schreiben. Bei Ausbleiben des Briefes wird sie böse, und so gibt sie ihm dann auch zu verstehen: „Ich kann mich in der Welt nicht so rumtreiben – wie ich es mit gesichertem Rücken doch sehr, sehr gerne tue –, wenn du nicht schreibst. Einmal die Woche ist genug; aber das muss auch immer da sein ..."[48]

Im Jahr 1952 – Hannah verbringt gerade die Ferien mit den Jaspers' in St. Moritz – wird Heinrich angeboten, Professor am Bard College in Annendale-on-Hudson zu werden und dort ein neues Lehrprogramm zu entwickeln und einzuführen. Er wird hier bis zu seiner Pensionierung 1967 als angesehener und gefragter Professor arbeiten. Zudem gibt er weiterhin Kurse an der New School for Social Research. Im selben Jahr bekommt er auch endlich die amerikanische Staatsbürgerschaft. Ab 1961 begleitet Heinrich seine Frau auch zeitweise auf ihren Reisen nach Europa. Er lernt das Ehepaar Jaspers kennen, mit denen er sich gut versteht. Auch zu einem Treffen mit Heideggers kommt es, das höflich verläuft.

Jahrelang macht sich Hannah Sorgen über Heinrichs Gesundheitszustand. Wie sie ihrer Freundin Mary McCarthy nach seinem Tod 1970 gesteht, hatte sie „während zehn langer Jahre beständige Angst [...], dass [...] ein plötzlicher Tod eintreten würde."[49] Im Herbst 1961 bricht Heinrich zusammen. Zunächst wird ein Tumor vermutet, die Diagnose lautet dann aber auf Arterienerweiterung im Gehirn. Heinrich soll sich schonen, erholt sich aber dann auch wieder recht schnell. Allerdings fällt er 1963 während der Kampagne gegen seine Frau wegen des Eichmann-Buches in eine Depression, die ihm aber bei seiner Arbeit niemand anmerkt. 1965 hat Heinrich gesundheitliche Probleme. Er ist mit seiner Arbeit überlastet, kann sich aber während des Urlaubs in Europa wieder erholen. Im Sommer 1968 will das Bard College Heinrich die Ehrendoktorwürde verleihen. Es kommt aber nicht zu der geplanten kleinen Zeremonie, da Heinrich kurz vorher einen Herzinfarkt erleidet. Die Zeremonie wird nach seiner Genesung im Appartement der Blüchers nachgeholt. Am 31. Oktober 1970 erleidet Heinrich am Morgen erneut einen Herzinfarkt. Er verstirbt am Abend im Krankenhaus. Hannah lässt sich noch zusammen mit ihrem toten Mann fotografieren. Am nächsten Tag wirkt sie, die von vielen Freunden besucht wird, ratlos. In die versammelte Runde hinein stellt sie nun die Frage: „Wie soll ich jetzt leben?"[50]

1.2.4 Die Freunde

„Wenn Hannah einmal mit jemandem Freundschaft geschlossen hat, dann setzt sie sich dafür auch über gesellschaftliche Tabus hinweg"[51], stellt Alois Prinz in seiner Biographie fest. Und gewissermaßen bestätigt wird diese Aussage auch durch die Trauerrede von Hans Jonas, die er am 8. Dezember 1975 gehalten hat und in der er ihr persönlich mitteilt, dass „[...] wenn du einmal ernsthaft eine persönliche Bindung eingegangen bist, dies für ein Leben war."[52]

Sie liebt es, mit Menschen zusammen zu sein. Dieses Vergnügen teilt sie auch mit ihrem Mann Heinrich. So setzt sich ihr Freundeskreis aus vielen verschiedenen Menschen von unterschiedlicher Herkunft zusammen. Beide werden berühmt für ihre Gastfreundschaft. Ihre Silvesterpartys zählen zu den großen Ereignissen des Jahres und wusste man zunächst, dass man es ‚geschafft' hatte, bei diesen Partys eingeladen worden zu sein, so wartete man später gar nicht erst auf die Einladung, sondern man rief vorher an und fragte, ob man vorbeikommen könnte. Der gesamte Freundeskreis kann hier nicht vorgestellt werden, wohl aber drei ihrer wichtigsten Freunde, nämlich Mary McCarthy, Hans Jonas und Kurt Blumenfeld.

Mary McCarthy

Der Beginn der Freundschaft zwischen Hannah Arendt und der Schriftstellerin Mary McCarthy ist denkbar ungünstig. 1945 werden die beiden bei einer Party einander vorgestellt. Mary, die eine Meisterin des Small-talks ist, macht hier in Hannahs Beisein eine Bemerkung zu Hitler dahingehend, dass er doch nur die Liebe seiner Opfer wolle und er ihr deshalb leid täte. Während einige Gäste diese Bemerkung eher witzig finden, ist Hannah entsetzt. Sie weist Mary McCarthy schroff zurecht, indem sie ihr mitteilt, dass sie eines dieser Opfer sei. Auf Marys Entschuldigungen reagiert sie nicht mehr. Erst einige Zeit später trifft man sich bei einer anderen Party wieder. Beide warten danach auf dieselbe U-Bahn. Sie versöhnen sich und dies ist der Beginn einer lebenslangen Freundschaft, die umso interessanter ist, als beide Frauen doch sehr unterschiedlich sind. Hannah sucht die Stabilität in ihrem Leben. Die sechs Jahre jüngere Mary McCarthy jedoch liebt das Abenteuer und neue Erfahrungen. Sie ist bereits zum zweiten Mal geschieden, hat einen Sohn, aber ihr Liebesleben bleibt turbulent und sie ist sehr sprunghaft. Hannah schätzt an ihr ihre Klugheit und ihre Aufrichtigkeit sowie eine naive Herzlichkeit. Da sich Mary zu dieser Zeit gerade für europäische Literatur und Philosophie zu interessieren beginnt, ist Hannah für sie die Verkörperung dieser Kultur und außerdem schätzt Mary deren Gespür für Qualität und deren Bildung. Sie lässt sich auch von der Europäerin bei ihren Romanen inspirieren.

Mary ist gerne zu Gast bei den Arendt-Blüchers, auch wenn sie Hannahs Kochkünste nicht sehr schätzt. 1952 ist Mary zum dritten Mal verheiratet mit Bowden Broadwater. Aufgrund der Ereignisse und der Verfolgungen während der McCarthy-Ära, möchte sie Jura studieren, um – wie Heinrich amüsiert feststellt – ein „richtiger fighter für freedom zu werden."[53] Dieses Vorhaben wird sie allerdings später wieder verwerfen, da ihr die Ausbildung dann doch als zu lange und zu aufwendig erscheint.

Häufig treffen sich beide auch bei ihren Europareisen. So 1955 in Venedig, wo es Mary gar nicht gut geht. Sie hat gerade eine Fehlgeburt erlitten, worunter auch ihre Ehe mit Broadwater leidet. Ein Jahr später trifft Hannah Mary, die jetzt in Venedig lebt, in Holland wieder und besichtigt mit ihr gemeinsam die Gemäldesammlungen in Amsterdam, Rotterdam und Den Haag. Mary hat sich inzwischen von ihrem Mann getrennt, ist aber auch wieder frisch verliebt. Gemeinsam reisen Hannah und Mary von Holland nach Paris. Im März 1960 taucht Mary unvermittelt bei Hannah auf und bittet sie darum, bei ihr wohnen zu dürfen. Ihre Affäre ist beendet, und ein Jahr zuvor hat sie einen amerikanischen Diplomaten, James West, kennengelernt, der ihr sehr rasch einen Heiratsantrag machte. Auch Mary will ihn heiraten, allerdings gibt es noch das Problem, dass beide verheiratet sind. Zudem würde West drei Kinder in die Beziehung mit einbringen. Obwohl Hannah diese Geschichte nicht so recht nachvollziehen kann, gewährt sie ihr bis April Unterschlupf und unterstützt sie bei ihren Problemen, allerdings kritisiert sie sie auch dort, wo sie es für nötig findet. 1961 sind Mary und James West verheiratet. West wird nach Paris versetzt, wo die beiden nun zusammen leben.

Aber auch Hannah wird von Mary tatkräftig unterstützt. Als Heinrich 1961 zusammenbricht und Hannah an der Wesleyan University gerade Kurse gibt, springt Mary dort für sie ein, damit sie sich ganz Heinrich und dessen Genesung widmen kann. Und auch während der Kampagne wegen des Eichmann-Berichtes steht Mary eindeutig hinter ihrer Freundin. Sie schreibt sogar einen zwölfseitigen Artikel, um sie zu verteidigen. Dieser Artikel wird Anfang 1964 in der Zeitschrift „Partisan Review" veröffentlicht.

Während des Vietnam-Krieges ist Mary als Diplomatenfrau in Paris zur Untätigkeit verdammt, obwohl sie sich gerne in irgendeiner Form engagieren möchte. 1965 wird ihr dennoch das Angebot gemacht, als Kriegsberichterstatterin für die „New York Review of Books" nach Vietnam zu gehen. Um ihren Mann nicht zu gefährden, muss sie das Angebot ablehnen. Es wird ein Jahr später erneuert, und diesmal akzeptiert Mary. Ihre Reise ist für Februar 1967 geplant. Davor besucht sie aber nochmals ihre Freundin, der sie eine Kiste Rotwein mitbringt. Vorsichtshalber verfasst sie auch schon ihr Testament, in dem sie Hannah Schmuckstücke vermachen will. Mary kehrt aber unversehrt aus Vietnam zurück, kann sogar ein zweites Mal dorthin fahren, um weitere Berichte darüber zu veröffentlichen. Zwischenzeitlich hat sie sich zusammen mit ihrem Mann ein Haus im Bundesstaat Maine gekauft, das nun ihr amerikanischer Zweitwohnsitz werden soll.

Nach Heinrichs Tod kümmert sich Mary sehr um Hannah. Sie geht mit ihr auf Reisen und nimmt sie zeitweilig in ihrem Haus auf. Als Hannah dann 1973 zu den Gifford Lectures geladen wird, begleitet Mary sie, denn sie möchte unbedingt die erste Vorlesung miterleben. Auch kommt Mary sehr schnell nach Aberdeen, als Hannah ein Jahr später ihren ersten Herzinfarkt erleidet. Da sie aber nicht lange bleiben kann, ermahnt sie die Freundin brieflich, den Ärzten und deren Anweisungen Folge zu leisten. Sie kennt Hannah sehr gut und weiß um deren Hartnäckigkeit, wenn es darum geht, Dingen zu widerstehen, die ihr missfallen.

Nach Hannahs Tod hält Mary während der Trauerfeier eine kleine Rede. „Wenn sie sprach, dann war es, als sähe man geistige Regungen in Handlungen und Gesten umgesetzt, wenn sie die Lippen zusammenpresste, die Stirn runzelte, nachdenklich das Kinn in die Hand stützte"[54], erinnert sie sich. Danach übernimmt sie die Aufgabe der Nachlassverwalterin, zu der sie von Hannah ernannt worden ist. Sie überarbeitet die Manuskripte zu *Das Leben des Geistes*, die von Hannah nicht fertig gestellt werden konnten und gibt das Werk schließlich heraus. Mary McCarthy stirbt 1989.

Hans Jonas

> „Wir sind nicht gerade >verwandte Naturen<, sehen Dinge oft recht anders. Und reagieren spontan verschieden darauf, aber worauf es im letzten und immer wieder ankommt, darin haben wir uns von Anfang an verstanden, ohne es sagen zu müssen. Da war nie ein Zweifel, was wichtig und was unwichtig ist."[55]

schreibt Hans Jonas in einem Brief vom 7. November 1974 an seine Freundin anlässlich ihrer 50-jährigen Freundschaft. Diese Freundschaft beginnt bereits in Marburger Studienzeiten im Herbst 1924 bei Heidegger und hat sich trotz Höhen und Tiefen bis zu Hannahs Lebensende bewährt. Hans Jonas selbst ist überaus schüchtern und von Hannahs selbstsicherem Auftreten von Anfang an begeistert. Trotzdem bemerkt er auch ihre Selbstzweifel und Ängste. Auch Hans Jonas setzt sein Studium in Heidelberg fort. Über ihn erhält Heidegger Hannahs neue Adresse, die sie ihm verheimlichen wollte. Indirekt wird also Hans Jonas dafür verantwortlich, dass das geheime Verhältnis noch weiter besteht. Als Hannah ins Exil nach Paris geht, trifft sie auch dort Hans Jonas wieder; nach dem Kriegsende erfährt sie, dass er britischer Soldat geworden und nun in Heidelberg stationiert ist. Sie nimmt den Kontakt wieder auf.

Das Eichmann-Buch empört Jonas 1963 derart, dass er auf Distanz geht. Er bricht sogar den Kontakt zu ihr ab. Erst ein Jahr später kann seine Frau ihn überreden, sich wieder mit Hannah auszusöhnen. Dies geschieht, und man verspricht sich gegenseitig, das Eichmann-Buch nie wieder zu erwähnen. Nach ihrer Versöhnung schwören sich beide 1972, dass sie sich nicht mehr mit politischen Themen beschäftigen wollen. Vielmehr beschließen sie, sich von nun ab nur noch der Philosophie zu widmen. 1975, kurz vor Hannahs Tod, feiert man noch zusammen mit Freunden das Erntedankfest in der Wohnung von Hans Jonas. Bei der Trauerfeier für Hannah Arendt ergreift Hans Jonas das Wort. Ein letzter Gruß an seine Freundin lautet: „Die Welt ist kälter geworden ohne deine Wärme."[56]

Kurt Blumenfeld

Obwohl Kurt Blumenfeld schon mit Hannahs Großvater Max in Königsberg heftige Diskussionen geführt hat, lernt Hannah ihn erst kennen, als er in Heidelberg einen Vortrag hält. Hans Jonas hat ihn eingeladen, aber da er sich mit der Organisation schwer tut, führt sie die Verhandlungen zu Ende.

Kurt Blumenfeld ist ein führender Kopf der zionistischen Bewegung in Deutschland. Nach dem Vortrag gehen Hannah, Hans Jonas und Blumenfeld noch im nächtlichen Heidelberg spazieren. Durch „Kurtchen" wird Hannah auf die so genannte Judenfrage aufmerksam gemacht, d.h. auf die Frage, ob die Juden einen eigenen Staat in Palästina bekommen sollen oder nicht. Sie stimmt mit Blumenfeld nicht in allen Punkten überein, die er ihr gegenüber erwähnt, aber sie wird sensibler für die Problematik. Er wird ihr ‚Mentor in Sachen Politik'[57]. Blumenfeld ist Vertreter des ‚postassimilatiorischen Zionismus', was bedeutet, dass er assimilierte Juden anspricht, die sich jedoch noch ihrer ursprünglichen Kultur zugehörig fühlen. Durch den Zionismus sollen diese wieder bewusst Juden werden. Hannah ist gegen diesen Weg, da es sich hierbei auch um eine Art Nationalismus handelt, der nicht besser und nicht schlechter ist, als jeder andere Nationalismus.

Zeit ihres Lebens bewundert sie Blumenfelds geistige Beweglichkeit, seine Vitalität und seinen Humor. In Berlin verbringt sie viel Zeit mit ihm und seinen zionistischen Freunden. Nach dem Reichstagsbrand bittet Blumenfeld sie, die Sammlung antisemitischer Äußerungen anzulegen. In den Jahren des Exils sind sie zwar getrennt, dennoch erinnert sich Hannah gerne an die Begegnungen mit Blumenfeld. Im September 1941 spricht Blumenfeld in New York zu dem Thema „Sollten die Juden eine eigene Armee haben?", was Hannah Arendt selbst sehr beschäftigt. Daraufhin tritt sie in Kontakt mit der Zeitschrift „Aufbau".

Das Eichmann-Buch entzweit die beiden 1963 ein für alle Mal. Nachdem sie weiß, dass sie als Berichterstatterin nach Jerusalem reisen wird, nimmt sie Kontakt zu Blumenfeld auf, damit er sie über den Prozesstermin und die relevanten Diskussionen in der israelischen Presse informieren soll. In Jerusalem übersetzt Blumenfeld ihr die hebräischen Presseberichte und begleitet sie zu Versammlungen und Parties, auf denen sich israelische Politiker und Universitätsangehörige treffen. Den Bericht selbst liest er, der schwer erkrankt im Hospital liegt, nicht. Er hat sich nur mündlich darüber informieren lassen, hegt deswegen aber einen tiefen Groll gegen Hannah. Sie aber ist überzeugt davon, dass dieser Groll nur daher rührt, dass Blumenfeld ihre Artikelserie nicht selbst gelesen habe. Im Mai 1963 stirbt Kurt Blumenfeld, ohne sich mit ihr ausgesöhnt zu haben.

1.3 Arendts gelebte Philosophie

Obwohl Hannah Arendt die Definition von Handeln als permanenten Neuanfang in Gemeinschaft erst recht spät entwickelt und verschriftlicht, scheint ihr gesamtes Leben davon geprägt zu sein. Aufgrund der politisch-historischen Situation war sie immer wieder gezwungen, aufzubrechen und Neues zu beginnen. Sie flieht rechtzeitig, sei es aus Berlin, sei es aus dem Lager Gurs und entkommt somit den Greuel der Nazizeit. Vor diesen verschließt sie aber auch nicht die Augen, und so beschäftigt sie sich immer wieder aufs Neue mit den Gründen des Totalitarismus und mit dessen Prinzipien. Sie muss aus ihrer Welt aufbrechen und immer wieder neue Beschäftigungen und Aufgaben suchen, um ihr Leben und ihr Überleben zu sichern, aber sie kehrt dem Zurückgelassenen nie den Rücken, sondern kommt immer wieder darauf zurück, um Neues zu entdecken. So geht sie nach Amerika, um immer wieder nach Europa zurückzukehren; sie entscheidet sich gegen eine wissenschaftliche Laufbahn, um doch immer wieder wissenschaftlich zu arbeiten und zu lehren. Aber diese Einstellung setzt auch voraus, dass Hannah Arendt ihre Chancen wahrnimmt und diese ergreift und dass sie auf unterschiedliche Gegebenheiten flexibel reagieren kann. So beweist sie in ihrem Leben viel Mut, mit dem sie Sicherheiten aufgibt, um Unbekanntes zu erfahren.

Trotz aller Veränderungen, die sie erlebt und freiwillig auf sich genommen hat, ist sie dennoch bestimmten Werten treu geblieben. So hat sie sich immer geäußert, wenn sie nach ihrer Meinung gefragt wurde, und sie hat ihre Einstellung konsequent vertreten, selbst wenn sie dafür angefeindet wurde. Auch ihren Freunden ist sie trotz großer räumlicher Entfernungen treu geblieben. Sie hat immer das Gespräch mit dem Anderen gesucht, auch wenn dies schwierig war, weil der Andere sie ablehnte oder keinen wirklichen Dialog zulassen wollte, wie dies bei Heidegger der Fall war. Andere Menschen und andere Sichtweisen, die Pluralität, waren ihr wichtig; nicht, um sich selbst als besondere Person gegenüber den Anderen abzugrenzen, sondern um im Dialog auf gleichberechtigte Weise gemeinsam fortzuschreiten, um Neues zu entdecken und zu entwickeln. Nachdem sie für sich ihren Platz im Leben gefunden hat, ist sie letztendlich auch sich selbst immer treu geblieben, und mit ihrem Verhalten und ihrem Leben zu einem Vorbild geworden.

Nachdem anhand ihrer Biographie nun bereits wesentliche Elemente ihrer Handlungstheorie dargelegt wurden, wird im Folgenden die Handlungstheorie im Ganzen, so wie sie in der *Vita activa* entwickelt ist, vorgestellt.

---

1 Das Tagebuch existiert unter dem Titel *Mein Kind*, ist jedoch nicht veröffentlicht. Zitate hieraus stammen aus: Prinz, Alois: *Beruf Philosophien oder Die Liebe zur Welt. Die Lebensgeschichte der Hannah Arendt*, Basel, 1998

2 Prinz. *Philosophin*, S. 18.

3 Prinz. *Philosophin*, S. 23.

4 Prinz. *Philosophin*, S. 23.

5 Vgl. Prinz. *Philosophin*, S. 71.

6 Vgl. Schiller, Friedrich: *Sämtliche Werke. Bd. 1 Gedichte, Dramen I*, Darmstadt, 1987, S. 407. Der Titel des Gedichtes lautet: „Das Mädchen aus der Fremde".

7 Zitiert nach Prinz. *Philosophin*, S. 51.

8 Arendt, Hannah: *Ich will verstehen. Selbstauskünfte zu Leben und Werk*, Piper, München, 2006, S. 50.

9 Arendt. *Verstehen*, S. 58.

10 Arendt. *Verstehen*, S. 61-62.

11 Vgl. Prinz. *Philosophin*, S. 125, 126.

12 Vgl. Prinz. *Philosophin*, S. 142.

13 Prinz. *Philosophin*, S. 142.

14 Zitiert nach Prinz. *Philosophin*, S. 232.
15 Zitiert nach Prinz. *Philosophin*, S. 233.
16 Prinz. *Philosophin*, S. 233.
17 Prinz. *Philosophin*, S. 234.
18 Zitiert nach Prinz. *Philosophin*, S. 245.
19 Prinz. *Philosophin*, S. 246.
20 Arendt. *Verstehen*, S. 67.
21 Zitiert nach Prinz. *Philosophin*, S. 290.
22 Zitiert nach Prinz. *Philosophin*, S. 24.
23 Arendt. *Verstehen*, S. 52.
24 Arendt. *Verstehen*, S. 54.
25 Arendt. *Verstehen*, S. 54.
26 Arendt. Verstehen, S. 54 f.
27 Vgl. Prinz. *Philosophin*, S. 81.
28 Zitiert nach Prinz. *Philosophin*, S. 131.
29 Vgl. Prinz. *Philosophin*, S. 48.
30 Arendt, Hannah: *Denken ohne Geländer. Texte und Briefe.* Heidi Bohnet und Klaus Stadler (Hrsg.), Piper, München 2007, S. 225.
31 Arendt. *Denken*, S. 225.
32 Arendt. *Denken*, S. 69 f.
33 Prinz. *Philosophin*, S. 147.
34 Arendt. *Denken*, S. 256.
35 Arendt. *Denken*, S. 256.
36 Arendt. *Denken*, S. 256 f.
37 Vgl. Prinz. *Philosophin*, S. 163.
38 Zitiert nach Prinz. *Philosophin*, S. 216.
39 Arendt. *Denken*, S. 257.
40 Arendt. *Denken*, S. 71.
41 Arendt. *Denken*, S. 252.
42 vgl. Arendt. *Denken*, S. 253.
43 Zitiert nach Prinz. *Philosophin*, S. 238.
44 Arendt. *Denken*, S. 70.
45 Arendt. *Denken*, S. 248.
46 Vgl. Prinz. *Philosophin*, S. 78.
47 Arendt. *Denken*, S. 248.
48 Arendt. *Denken*, S. 248 f.
49 Arendt. *Denken*, S. 252.
50 Prinz. *Philosophin*, S. 285.
51 Prinz. *Philosophin*, S. 122.
52 Prinz. *Philosophin*, S. 310.
53 Zitiert nach Prinz. *Philosophin*, S. 157.
54 Zitiert nach Young-Bruehl, Elisabeth: *Hannah Arendt. Leben, Werk und Zeit*, Fischer, Frankfurt am Main 2004, S. 636.
55 Harms, Klaus: *Hannah Arendt und Hans Jonas. Grundlagen einer philosophischen Theologie der Weltverantwortung*, WiKu-Verlag, Berlin, 2003, S. 98.
56 Zitiert nach Prinz. *Philosophin*, S. 310.
57 Young-Bruehl. *Arendt*, S. 120.

2. Handeln und das Politische

Der Begriff des Handelns hat in philosophischer Hinsicht eine große Bedeutung. Er ist zum einen für den Menschen, zum anderen für die Begründung einer Ethik wichtig und sogar notwendig. Dies wird nicht nur in Hannah Arendts Leben, sondern auch in ihrem Denken besonders deutlich. In ihrem Werk *Vita activa oder Vom tätigen Leben*, das schon 1958 auf Englisch unter dem Titel *The Human Condition* erschienen war und erst später in deutscher Fassung vorlag, beschäftigt sie sich mit der Frage: Was tun wir, wenn wir tätig sind?[1]. Hier nimmt das Handeln eine zentrale Stellung ein.

2.1 Handeln: Initiative und Pluralität

Hannah Arendt analysiert die Tätigkeiten des Menschen. Arbeiten, Herstellen und Handeln sind Grundtätigkeiten des Menschen. Im Folgenden werden zunächst die Tätigkeiten Arbeiten und Herstellen vorgestellt.

2.1.1 Arbeiten und Herstellen – zwei Grundtätigkeiten des Menschen

Das Arbeiten

Das Arbeiten ist die Tätigkeit, die dem biologischen Prozess des menschlichen Körpers entspricht[2]. In der Arbeit werden Naturdinge erzeugt und verarbeitet, die der Mensch für seinen täglichen Bedarf zum Leben und Überleben benötigt. Es handelt sich hierbei um die Versorgung mit Nahrungsmitteln. Die Grundbedingung, die erfüllt sein muss, um Arbeit zu ermöglichen, ist das Leben selbst. Das Leben erfordert die Ernährung zum Überleben, die durch arbeiten geleistet wird. Hannah Arendt definiert das Leben selbst wie folgt:

> „Das Leben ist ein Vorgang, der überall das Beständige aufbraucht, es abträgt und verschwinden lässt, bis schließlich tote Materie, das Abfallprodukt vereinzelter, kleiner, kreisender Lebensprozesse, zurückfindet in den alles umfassenden ungeheuren Kreislauf der Natur selbst, die Anfang und Ende nicht kennt und in der alle natürlichen Dinge schwingen in unwandelbarer, todloser Wiederkehr."[3]

Das Leben spielt sich inmitten der Natur ab. Es ist natürlich, und zu dem Natürlichen gehört auch, dass das Natürliche zum Leben gebraucht wird, dass es aufgebraucht wird. Jedoch verschwindet das Aufgebrauchte nicht aus der Natur, vielmehr kehrt es in sie zurück und wird als das Abfallprodukt, das es nun ist, immer wieder weiter verwertet. Die Natur wird also von Hannah Arendt als ein riesiger Kreislauf verstanden, in dem sich das Leben abspielt, in dem nichts verloren geht und in dem alles wieder verwertet wird. Da es innerhalb dieses Kreislaufes keinen Anfang und kein Ende gibt, ist die Natur und das, was in ihr ist, für Hannah Arendt das Beständige, das Unendliche in der Endlichkeit. Die Arbeit ist nun eng mit dem Leben und dem Lebensprozess verbunden.

Dies macht Hannah Arendt deutlich, wenn sie erklärt: „Da der natürliche Lebensprozess im Körper vonstatten geht, kann es keine lebendigere Tätigkeit geben als die Arbeit."[4]

Das Herstellen

Das Herstellen ist eine Tätigkeit, die künstliche Dinge produziert, mit denen sich der Mensch umgibt und aus denen sich der Mensch eine Welt schafft, in der er lebt. Dies geschieht, weil der Mensch sich innerhalb der unendlichen, unvergänglichen Natur seiner Individualität bewusst wird. Die Natur wird nicht in ihren Einzelteilen individuell, sondern als Gesamtheit verstanden. Diese Gesamtheit ist unendlich. Der Mensch ist sich seiner selbst bewusst – nämlich seiner Individualität. Im Vergleich zur unendlichen Natur ist der Mensch endlich; er ist sterblich, sein individuelles Leben ist vergänglich. Deshalb möchte er etwas schaffen, das ihn als Individuum überdauert. Einzelne Naturdinge werden verbraucht und sind der Vergänglichkeit unterworfen. Allein durch das künstlich Produzierte lässt sich diese Vergänglichkeit aber verzögern; der Mensch überlebt durch dieses Künstliche, überdauert sein natürliches Leben und wird somit, zumindest für eine gewisse Zeit, unsterblich.

Die Dinge, die hergestellt, also von Homo faber erzeugt werden, sind zum größten Teil Gebrauchsgegenstände[5], die haltbar sein sollen, damit sie ge-braucht werden können. Im Gegensatz zum Produkt der Arbeit, das ver-braucht wird, ist die Aufgabe der Gebrauchsgegenstände, dass „ihre Haltbarkeit [...] der Welt als dem Gebilde von Menschenhand [...] Dauerhaftigkeit und Beständigkeit"[6] verleiht. Durch die Gebrauchsgegenstände schafft sich der Mensch seine Welt innerhalb der Natur, weil er diese hergestellten Dinge zwar abnutzt, aber nicht unmittelbar konsumiert.

Auf künstliche Weise schafft sich der Mensch also seinen Lebensraum selbst, der aus Dingen besteht. Er lebt nicht mehr allein in und von der Natur; Homo faber, der Hersteller, verdinglicht die Welt[7]. Er macht Natürliches zum Ding, zum Gebrauchsgegenstand. Natur wird aufgebraucht, damit Dinge entstehen. Dies ist für Hannah Arendt ein gewalttätiger Akt, da hier das Natürliche zerstört wird, damit das Ding entsteht: „Alles Herstellen ist gewalttätig, und Homo faber, der Schöpfer der Welt, kann sein Geschäft nur verrichten, indem er Natur zerstört."[8] Gleichzeitig ist das Herstellen aber auch etwas Promethisches, denn der Hersteller ist auch Schöpfer der Welt innerhalb der Natur – nämlich der Dinge, die seinen Lebensraum ausmachen: "In jedem Herstellen liegt etwas Prometheisches, weil es eine Welt errichtet, die auf der gewalttätigen Vergewaltigung eines Teils der von Gott geschaffenen Natur sich gründet."[9] Menschliches Schaffen, das eigentlich etwas Positives ist, entsteht also aus etwas Negativem – nämlich aus gewalttätigem Tun. Der Mensch ist in dieser Dingwelt zu Hause, dies ist seine Welt, nicht mehr allein die Natur. Die Grundbedingung für das Herstellen ist die „Weltlichkeit"[10], die menschliche Schöpfung.

2.1.2 Das Handeln – die dritte Grundtätigkeit des Menschen

Das Handeln ist nun die dritte Tätigkeit des Menschen, die sich unmittelbar „zwischen den Menschen abspielt."[11] Im Handeln wird nichts verarbeitet und nichts produziert, sondern hier begegnet der Mensch dem oder den Menschen.

Die Initiative

Im Denken der Philosophen werden die drei Tätigkeiten des Menschen seit Plato im Hinblick auf den Tod des Menschen interpretiert, so Hannah Arendt, also im Hinblick auf die Mortalität. Wenn man das Leben so versteht, hat dies Konsequenzen für die Interpretation dieser drei Grundtätigkeiten. Arbeiten bedeutet dann, das eigene Am-Leben-Bleiben zu sichern und für das Fortbestehen der Gattung zu sorgen, also Nahrung beschaffen und Fortpflanzung. Herstellen wird allein unter dem Aspekt der Schaffung einer künstlichen Welt verstanden, die beständig und dauerhaft ist, d.h., Herstellen ist nicht mehr als der Herstellungsprozess. Handeln ist die Grundbedingung für die Gründung politischer Gemeinwesen: Durch Handlung wird die Kontinuität der Generationen gesichert sowie Erinnerung und Geschichte gewährleistet[12]. Dem Handeln kommt hier schon eine andere Bedeutung zu als dem Arbeiten und dem Herstellen, denn während die letzteren beiden von jedem Menschen allein durchgeführt werden können, benötigt Handeln immer die Gemeinschaft von Menschen. Außerdem wird durch das Handeln – durch Gründung, Kontinuität und Erinnerung – immer auch die gemeinschaftliche Verbindung von Vergangenheit, Gegenwart und Zukunft geschaffen.

Die Bezugnahme auf die Mortalität bedeutet, mit einem Abschluss zu rechnen. Diese Verbindlichkeit des Abschlusses, des Endes, führt dazu, dass vor allem individuell und rückbezüglich gedacht wird, denn das Ende, insbesondere das eigene, wird immer mitgedacht. Das Denken bewegt sich dann innerhalb der vermeintlichen Abgeschlossenheit des eigenen Lebens und somit in einem quasi geschlossenen System, in dem ein Ende, wenn auch nicht absehbar, so doch immer vorausgesetzt wird.

Hannah Arendt selbst sieht aber noch einen anderen Bezug und dieser scheint ihr wichtiger zu sein als die Mortalität.

Jedes Leben beginnt mit der Geburt und ebenso jede Tätigkeit des einzelnen Menschen. Die Tätigkeiten lassen sich also auch und vor allem auf die Geburt, die **Natalität**, beziehen und erhalten so eine erweiterte Bedeutung.

Zum einen dienen Arbeiten, Herstellen und Handeln dann nicht mehr nur dem einzelnen Menschen, der für sich einen Prozess in Gang setzt und diesen beendet. Wenn das Hauptaugenmerk des Denkens nicht mehr auf dem Tod, auf dem Abschluss liegt, sondern auf der Geburt und dem Beginn, dann öffnet sich der Horizont des Denkens, das kein Ende mehr kennt, und in diese Offenheit hinein kann gestaltet werden. Arbeiten, Herstellen und Handeln dienen dann den künftigen Generationen, deren Zukunft sie vorbereiten; sie werden zu Tätigkeiten, die in die Offenheit hinein Zukunft gestalten.

Zum anderen ist es gerade die Tätigkeit des Handelns, die durch die Natalität charakterisiert und mit ihr verbunden ist und somit einen besonderen Stellenwert innerhalb der Tätigkeit einnimmt.[13] Natalität, das Geboren-Werden, bedeutet, einen Anfang setzten. Wer geboren wird, ist selbst ein Neubeginn und trägt die Fähigkeit in sich, selbst neu beginnen zu können. Mit dem Geboren-Werden, was jedem einzelnen Menschen geschieht, was er als passiv erlebt, werden im Menschen diese Fähigkeiten sozusagen aktiviert. Insofern kann jeder Mensch mit Beginn seines Lebens selbst aktiv in die Welt eintreten und sie gestalten. Dies geschieht in Form von Initiativen. So ist die Geburt eine Art passive Initiative, während die Initiativen, die der Mensch in seinem Leben und durch sein Leben ergreift, aktiv sind[14]. Jede Initiative aber ist für Hannah Arendt eine Handlung, die beginnt, denn Handeln heißt für sie, etwas Neues anfangen.

Indem der Mensch handelt und die Verantwortung für dieses Handeln übernimmt, bestätigt er seine eigene Geburt.[15] Dies bedeutet nun, dass das Geboren-Werden – ob in passiver oder in aktiver Form – der wesentliche Bestandteil des menschlichen Lebens ist. Leben bedeutet für jeden Menschen, dass er aktiv ist und handelt – und dies nicht nur einmal, sondern immer wieder. Der Mensch ist in seinem Leben und dadurch, dass er lebt, immerzu im Handeln begriffen, was bedeutet, dass menschliches Leben im eigentlichen Sinne für Hannah Arendt Handlung ist.

Dasselbe gilt für das Sprechen. Auch hier wird der Mensch immer wieder initiativ und dies noch bewusster als im aktiven Nicht-Sprechen. Im eigentlichen Sinne ist das Sprechen für Hannah Arendt auch Handeln, da der Handelnde im Sprechen als Handelnder in Erscheinung tritt, indem er sich als der Urheber seines Handelns ausweist und öffentlich macht.

Durch die nicht sprechende Handlung identifiziert sich also der einzelne Mensch, er wird zum Jemand, da nur er allein diese Handlung beginnt. Durch das Sprechen aber identifiziert sich dieser Jemand als ein Der, was bedeutet, dass er sich als das Individuum identifiziert, das diese Handlung oder diese Handlungen begonnen hat. Für Hannah Arendt gehören Handeln und Sprechen immer zusammen, da der Handelnde allein durch das Sprechen in Erscheinung tritt und seine absolute Verschiedenheit von allen anderen zum Ausdruck bringt.[16]

Im Zusammenhang mit der Geburt spricht Hannah Arendt auch von „Wunder"[17]; der Begriff Wunder verliert in ihrem Denken jedoch seine theologische Konnotation. Ein Wunder ist für sie etwas, das vorgeprägte Prozessabläufe durchbricht, insofern es unerwartet und nicht vorhersehbar ist. Das Wunder ist das Unwahrscheinliche, das im Alltäglichen passiert, und es manifestiert sich für Hannah Arendt in jeder Geburt[18]. Mit der Geburt wird etwas unterbrochen, nämlich der natürliche Lebensrhythmus eines oder mehrerer anderer Menschen. Außerdem bedeutet jede Geburt, dass dieser Mensch, der ein Neuanfang ist, von nun an selbst etwas Neues beginnen kann. Er kann handeln und somit das Leben, insbesondere sein eigenes Leben aktiv mitgestalten. Das Wunder spielt sich tagtäglich in der Welt ab und ist von jedem Menschen, gleich welcher Religion oder Weltanschauung, gleichermaßen wahrnehmbar: Das Wunder des menschlichen Lebens.

Hannah Arendt geht sogar noch weiter, denn jede Handlung ist für sie ein Neuanfang oder die Bestätigung der Geburt. Insofern müsste nun jeder Beginn einer Handlung ein Wunder sein. Dies wird von Hannah Arendt so nicht gesagt, wohl aber bedeutet die Fähigkeit zu Handeln für sie, dass der Mensch sich der Berechenbarkeit der Prozesse entziehen kann, dass er somit eine „Begabung für das schlechthin Unvorhersehbare"[19] hat. Menschsein heißt dann einerseits bedingt sein und im Rahmen dieser Bedingung zu leben, andererseits bedeutet es aber auch, dass jeder Einzelne immer wieder dazu fähig ist, die Bedingtheit und den Rahmen zu durchbrechen, und dies, ohne dass es vorhersagbar ist. Dies macht die Einzigartigkeit jedes einzelnen Menschen aus.

Im Geboren-Werden geschieht dem Menschen auch die Initiative, d.h. die Handlung – in diesem Sinne vielleicht die Ursprungs-Handlung. Auch wenn man sagen könnte, dass dieses Geboren-Werden aufgrund biologischer Umstände verursacht wird und vonstatten geht, so liegt es dennoch in keines Menschen Gewalt, diese passive Initiative als passive hervorzubringen oder aus sich heraus zur aktiven Initiative werden zu lassen.[20] Die Ursprungs-Initiative, die Ur-Handlung muss also von etwas ausgehen, das die einfache menschliche Handlung übersteigt und sie gleichzeitig beinhaltet. Dies kann nur das Sein als solches leisten. Das Sein als solches beinhaltet das Sein der Welt und aller Lebewesen. Nur im Sein ist die aktive Initiative möglich, die eine passive Initiative geschehen lassen kann.

Das Sein ist also Handeln und deshalb ist das Sein des Menschen auch das Handeln. Der Mensch kann sich dem in keiner Weise entziehen, sein Wesen ist das Handeln, mit dem er sich immer wieder aufs Neue manifestiert.

Die Pluralität

Hier tritt noch ein zweiter wichtiger Aspekt zu Tage, der unmittelbar mit dem Handeln verbunden ist. Handeln und Sprechen dienen immer dazu, sich zu unterscheiden, die eigene Individualität darzustellen. Sich zu unterscheiden setzt aber voraus, dass man sich von etwas unterscheidet und im Falle des sprechenden Jemands muss es andere sprechende Jemande geben, von denen sich jeweils der andere unterscheiden kann. Das Sich-Unterscheiden kann nur in einer Vielfalt von Sich-Unterscheidenden stattfinden, es setzt also ein Miteinander voraus, das Hannah Arendt die „Pluralität"[21] nennt. Diese ist nun die grundsätzliche Bedingung des Handelns und Sprechens überhaupt:

> „Das Faktum menschlicher Pluralität, die grundsätzliche Bedingung des Handelns wie des Sprechens, manifestiert sich auf zweierlei Art, als Gleichheit und als Verschiedenheit. Ohne Gleichartigkeit gäbe es keine Verständigung unter Lebenden, kein Verstehen der Toten und kein Planen für eine Welt, die nicht mehr von uns, aber doch immer noch von unseresgleichen bevölkert sein wird. Ohne Verschiedenheit, das absolute Unterschiedensein jeder Person von jeder anderen, die ist, war oder sein wird, bedürfte es weder der Sprache noch des Handelns für eine Verständigung; eine Zeichen- und Lautsprache wäre hinreichend, um einander im Notfall die allen gleichen, immer identisch bleibenden Bedürfnisse und Notdürfte anzuzeigen."[22]

Nur in der Pluralität manifestiert sich die Verschiedenheit der Einzelnen als Einzigartige, die sich in Sprache und Handeln ausdrückt.[23] Gleichzeitig aber herrscht hier die Gleichheit vor, nämlich der Konsens der Verständigung. In der Pluralität einer bestimmten begrenzten Gruppe wird die gleiche Sprache gesprochen und Handlungen werden aus dem gemeinsamen Kontext heraus verstanden. Dies ist nur möglich, weil bei den Menschen sowohl Gleichheit als auch Verschiedenheit vorherrscht. Dank ihrer Gleichheit haben die

Menschen die Fähigkeit, sich zu verstehen. Jedem Menschen sind grundsätzliche Eigenschaften und Verhaltensweisen zueigen, die ihn mit allen anderen Menschen – nicht nur mit seinen Zeitgenossen, sondern auch mit seinen Vorgängern und Nachfolgern – verbinden, und dies in der Form, dass jeder Mensch die Verhaltensweisen jedes anderen Menschen grundsätzlich verstehen kann. Nur so ist Verständigung zwischen Menschen überhaupt möglich; und nur so können gemeinsame Taten geplant werden. Andererseits sind eben lediglich die grundsätzlichen Verhaltensweisen gleich; in allem, was darüber hinausgeht, unterscheidet sich jeder Mensch vom anderen, und dies in einer absoluten Weise. Diese absolute Verschiedenheit macht den Menschen zum Individuum. In der Art und Weise, wie die grundsätzlichen Eigenschaften und Verhaltensweisen bei dem einzelnen Menschen ausgebildet sind und wie er selbst diese noch im Laufe seines Lebens ausbildet, liegt der Schlüssel für seine Einzigartigkeit. Hier ist auch gleichzeitig für Hannah Arendt der Grund, warum es Sprache und Handeln gibt und geben muss[24], denn alles, was über die grundsätzlichen Verhaltensweisen hinausgeht, alles, was nicht mehr allgemein verständlich, sondern individuell ist, bedarf der Klärung und somit der Erklärung.

Die Bedingung dafür, sich in einer Pluralität zu manifestieren, d.h. durch Handeln und Sprechen in Erscheinung zu treten, ist der Mut:

> „Der Mut, den wir heute als unerlässlich für einen Helden empfinden, gehört bereits, auch wenn er kein heroischer Mut in unserem Sinne ist, zum Handeln und Sprechen als solchen, nämlich zu der Initiative, die wir ergreifen müssen, um uns auf irgendeine Weise in die Welt einzuschalten und in ihr die uns eigene Geschichte zu beginnen. Dieser Mut entspringt keineswegs notwendigerweise oder primär der Bereitschaft, für ein Getanes die Konsequenzen auf sich zu nehmen; des Mutes und sogar einer gewissen Kühnheit bedarf es bereits, wenn einer sich entschließt, die Schwelle seines Hauses, den Privatbereich der Verborgenheit, zu überschreiten, um zu zeigen, wer er eigentlich ist, also sich selbst zu exponieren."[25]

Es erfordert immer Mut, aus einer Masse herauszutreten, denn das Überschreiten von Grenzen kostet Überwindung. Wenn sich z.B. jemand in einer Gruppe von anderen Menschen befindet, die ihm unbekannt sind, kann er in dieser Gruppe anonym bleiben. Er kann aber auch anfangen, mit einem oder mehreren dieser Menschen oder gar *vor* diesen Menschen zu sprechen. Dann tritt er aus der Anonymität heraus und macht sich bekannt. Nur wer das Wagnis auf sich nimmt, die Grenze der Intimität und der Unbekanntheit inmitten einer Masse zu überwinden, wer also seine eigene Grenze, die in Form des Ich gesetzt ist, überwindet, wer sich somit selbst überwindet und sich dem oder den anderen preisgibt, der kann auch in Erscheinung treten, indem er anderen seine Persönlichkeit und Einzigartigkeit offenbart.

Handeln und Sprechen spielen sich ausschließlich in der Pluralität ab, sie werden durch die Pluralität bedingt. Nur in der Pluralität geschieht das Gesehenwerden, das Gehörtwerden und schließlich auch das Sich-Erinnern an das Gesehene und das Gehörte.

Für Hannah Arendt sind Handeln und Sprechen „äußerlich wahrnehmbare Manifestationen menschlicher Existenz"[26]. Sie drücken das individuelle Denken des Einzelnen aus und machen es nach außen hin wahrnehmbar. Somit sind Handeln, Sprechen und Denken eng miteinander verbunden, sie gehören zusammen, da eines aus dem anderen hervorgeht und sie sich gegenseitig voranbringen. Mit dem Ausdrücken und durch das Ausdrücken beginnt ein Prozess des Verarbeitens und des Exponierens des Gedachten und des Bearbeitens durch die Umwelt, indem auf Sprechen geantwortet oder Handeln kommentiert wird und beides Folgen hat. Die Reaktionen auf individuelles Handeln und Sprechen von Seiten anderer rufen wiederum Reaktionen im Denken hervor.

Ebenso wichtig wie das Aussprechen und das Gesehenwerden ist auch das Sich-Erinnern. Durch Erinnerung wird das Denken eines Einzelnen erst greif- und begreifbar. Einerseits gilt das in der Pluralität, denn durch das Sich-Erinnern bleiben Handlungen und Gesprochenes im Gedächtnis – und mit dem Handeln und Sprechen auch die Person oder die Personen, mit denen man gemeinsam gehandelt und gesprochen hat. Erinnerung schafft Gemeinsamkeit zwischen Menschen. Andererseits gilt das für den Einzelnen selbst, denn indem er sich erinnert, greift er auf das Gedachte zurück. Denken geschieht also für Hannah Arendt in einer Art von Strom, der ununterbrochen fließt. Erst im Sich-Erinnern wird dieser unterbrochen, es wird innegehalten, damit ein Teil des in der Vergangenheit Gedachten wieder aufgegriffen und somit festgehalten werden kann.

Um aber wirklich in der Welt zu bleiben, muss das Denken verdinglicht werden, wie Hannah Arendt es ausdrückt:

> „Um in der Welt als Dinge einzugehen, um als Taten, Tatsachen und Ereignisse oder als Gedanken, Gedankenformen und Ideen sich in der Welt anzusiedeln, müssen sie erst gesehen, gehört, erinnert und dann verwandelt, nämlich verdinglicht werden, um überhaupt Gegenstandscharakter zu gewinnen –

> wie ein gedichteter Vers, eine geschriebene Seite, ein gedrucktes Buch, ein Bild oder eine Skulptur, wie alle Denk- und Mahnmäler des menschlichen Geistes."[27]

Und dies geschieht vor allem im Schreiben. Das Schreiben als Prozess der Verdinglichung entspricht der Tätigkeit des Herstellens. Das Werk – sei es ein Buch, ein Aufsatz oder auch ein Denktagebuch – ist etwas Hergestelltes, ein Ding. Als solches hat es den lebendigen Gedankenstrom durchbrochen, ihn fixiert und damit eigentlich an einer bestimmten Stelle unterbrochen. Das hergestellte Werk ist Zeugnis eines Abschlusses von etwas Lebendigem. Dies ist für Hannah Arendt ein hoher Preis, der gezahlt werden muss, denn das geschriebene Wort ist der tote Buchstabe, der den lebendigen Geist des Denkens[28] abschließt und beendet.

Jeder beginnt ständig eine Handlung, indem er durch Handeln und Sprechen die Initiative ergreift. Handeln heißt aber nicht allein, dass jeder Mensch ständig Taten beginnt und sie ausführt. Da der Mensch immer wieder auf andere Menschen trifft, gibt es auch die Kehrseite der Handlung, die Hannah Arendt das „Dulden"[29] nennt. Dies entspricht in etwa der Vorstellung von Tun und Leiden, jedoch ist das Dulden für Hannah Arendt keinesfalls ein passives Ertragen, vielmehr sind Handeln und Dulden Gegensätze, die einander beinhalten. Wer in einem Moment duldet, reagiert im nächsten, wer handelt, der duldet auch später. Eine Aktion ruft immer Re-Aktion hervor. Handeln – ebensowenig wie Dulden – ist kein dauerhafter Zustand, sondern ein dynamischer Prozess, der schrankenlos wird und dessen Ende niemals vorhersehbar ist.

Obwohl immer wieder Handlungen von Einzelnen begonnen werden, ist es nicht möglich, dass sie von ihm auch vollendet werden, jedenfalls nie so, wie er es vorausgeplant haben mag. Dem ist so, weil das Handeln in der Pluralität stattfindet. Für den einzelnen Menschen bedeutet dies zunächst, dass er in eine Welt von Menschen hineingeboren wird. Niemand lebt für sich allein, und die Welt ist nicht nur das Gut der gerade lebenden Generation, sondern auch dasjenige der vorhergehenden und der nachfolgenden Generationen.[30] Menschen leben immer in einer Beziehung mit anderen Menschen, und das Handeln findet im Zusammenhang mit dem Handeln anderer statt.

Der Mensch ist also eingewoben in ein „Beziehungsgeflecht"[31], wie Hannah Arendt es ausdrückt. Insofern zieht das Handeln in der Pluralität noch eine zweite Bedeutung nach sich. Da jeder einzigartig ist, so ist auch sein Handeln einzigartig. Eingewoben in ein Beziehungsgeflecht heißt dies, dass jedes Handeln auf das Handeln eines anderen stößt oder darauf re-agiert oder selbst wieder das Handeln eines anderen hervorruft. Kein Handeln steht für sich allein, sondern es besteht in einem Geflecht aus Handlungen. Innerhalb dieses Beziehungsgeflechtes ist es zwar möglich, eine Handlung zu beginnen, jedoch kann sie aufgrund der unendlichen Variationsmöglichkeiten nie genau so verwirklicht werden wie sie ursprünglich geplant war:

> „Weil dies Bezugsgewebe mit den zahllosen, einander widerstrebenden Absichten und Zwecken, die in ihm zur Geltung kommen, immer schon da war, bevor das Handeln überhaupt zum Zug kommt, kann der Handelnde so gut wie niemals die Ziele, die ihm ursprünglich vorschwebten, in Reinheit verwirklichen [...]".[32]

Der Prozesscharakter des Handelns

Handeln wird von Hannah Arendt als ein Prozess verstanden. Es ist nicht nur eine einmalige Tat, die punktuell ausgeführt wird. Handeln hat einen Anfang und eine Dauer. Außerdem geschieht Handeln immer in einem Beziehungsgeflecht, d.h. Handeln ist nicht nur ein Prozess, der von einem einzigen Menschen durchgeführt wird, vielmehr wird er von einem begonnen und dann innerhalb dieses Beziehungsgeflechts weitergegeben. Dies bedeutet für das Handeln zweierlei: Zum einen wird jedes Handeln von allen Seiten angreifbar, sobald es von einem begonnen wird. Somit ist jedes Handeln zerbrechlich und kann trotz bester Absicht, in der es begonnen wurde, jederzeit zerstört oder gehindert werden[33]. Die Zerstörung ist auch eine Eigenschaft des Menschen, der fähig ist, das zu zerstören, was er selbst gemacht hat, also auch das Handeln, das er in die Welt gesetzt hat oder das von einem anderen in die Welt gesetzt wurde:

> „Denn Menschen sind immer fähig zu zerstören, was sie selbst gemacht haben, und ihre Zerstörungskapazität hat heute sogar den Punkt erreicht, wo sie zerstören können, was sie nie machten – die Erde und das Leben auf ihr [...]."[34]

Zum anderen ist jedes Handeln, sobald es begonnen wurde, nicht mehr aufzuhalten. Menschen sind fähig, Handlungen zu beginnen, jedoch ist es ihnen unmöglich, das Begonnene wieder zurückzunehmen oder es rückgängig zu machen. Ebensowenig ist es möglich, die Folgen abzusehen. Da das Handeln in einem Beziehungsgeflecht begonnen wird, kann es von allen Seiten beeinflusst, übernommen oder in eine andere Richtung gelenkt werden. Obwohl das Handeln die Tätigkeit des Lebens selbst ist, obwohl Leben Handeln ist, ist der lebende und handelnde Mensch niemals fähig abzusehen, wie sich sein Handeln entwickeln wird. Der Handelnde kann also nicht wirklich wissen, was er tut, denn er weiß nur, dass er etwas beginnt, dessen Folgen niemals für ihn absehbar sein werden. Insofern ist jeder Mensch für Hannah Arendt immer schuldig, denn er nimmt mit jedem Handeln die „Schuld an Folgen"[35] auf sich, mit denen er niemals zu Beginn der Handlung gerechnet hat. Ein Ende ist nicht abzusehen und deshalb hat eine einmal in Gang gesetzte Handlung auch kein Ende. Sie ist ein Prozess, der Folgen hat, andere Handlungen nach sich zieht, der aber niemals zu Ende geht.

Wenn jede einzelne Handlung einerseits unabsehbar, andererseits unwiderruflich ist, so liegt im Handeln eine große Verantwortung für jeden Menschen. Jedes Handeln oder auch Sprechen muss dann wohl überlegt sein; jeder Mensch müsste dann eigentlich jede mögliche Folge bedenken, bevor er zu sprechen oder zu handeln beginnt. Jede noch so sehr im positiven Sinne begonnene Handlung kann immer wieder ins Negative geleitet werden, ohne dass dies jemals beabsichtigt war. Auch die Tatsache, dass keine Handlung jemals endet, und das Sich-dessen-bewusst-Sein, macht jede Handlung umso schwerwiegender. Und eigentlich verlangen allein diese Merkmale der Handlung ein so großes Verantwortungsbewusstsein für das, was jeder Einzelne tut und wie er handelt, dass es unmöglich scheint, tatsächlich handeln zu können, wenn man sich dessen auch wirklich bewusst wird. Dennoch ist jeder Mensch ständig im Handeln begriffen – (verantwortungs-)bewusst oder (verantwortungs-)unbewusst. Das Handeln ist Kennzeichen seines Lebens und er handelt, indem er lebt.

Es müssen also dem Menschen eigene Fähigkeiten gegeben sein, die es ihm erträglich machen, im und mit dem Handeln zu leben und somit die Verantwortung für sein Handeln zu übernehmen, mit dem er unmittelbar Schuld auf sich nimmt. Hannah Arendt nennt dies „Heilmittel"[36],nämlich Versprechen und Verzeihen. Beides ist wichtig, damit das Handeln und die Verantwortung, die im Handeln liegt, bewältigt werden können.

Handeln als Verbindungsglied von Vergangenheit, Gegenwart und Zukunft

Das Verzeihen ist die Fähigkeit, die sich auf Handlungen bezieht, die bereits begonnen wurden und sich im Prozess befinden. Wäre der Mensch nicht fähig zu verzeihen, dann wäre sein gesamtes Leben letztendlich auf eine Handlung reduziert, nämlich auf seine erste Handlung, die er begonnen hat, die dann im Bezugsgewebe menschlicher Angelegenheiten weitergesponnen wurde und alles, was darauf an

Handlungen oder Re-Aktionen folgen würde, wäre auf diese einzige, erste Handlung zurückzuführen. Diese erste Handlung würde jeden Menschen sein Leben lang verfolgen[37], egal ob die Folgen positiv oder negativ sind.

Das Verzeihen ermöglicht dem Menschen, dass er andere Menschen von den Folgen ihres Handelns befreien kann[38]. Da niemand absehen kann, welche Folgen sein Handeln haben wird, also niemand wirklich wissen kann, was er tut, ist er darauf angewiesen, dass der andere oder die anderen ihm Verfehlungen verzeihen können und ihn somit von der Schuld lossprechen, die er durch sein Handeln auf sich geladen hat. Wäre dies nicht möglich, so müsste jeder Mensch mit einer Schuld leben, die er nicht ertragen könnte, was letztendlich (s)ein Leben unerträglich machen würde. Nur durch das Verzeihen kann dem Menschen die Schuld genommen werden, die er durch sein Handeln auf sich geladen hat.

Gleichzeitig bietet das Verzeihen jedem Menschen die Möglichkeit zu einem Neuanfang[39]. Dadurch dass ihm die Schuld verziehen wird, ist die eine Handlung, die diese schuldigmachende Folge hatte, quasi abgeschlossen. Sie ist es jedenfalls für denjenigen, der verziehen hat und denjenigen, dem verziehen wurde. Dass die Handlung in anderen Richtungen noch Folgen haben kann, ist durchaus möglich und wahrscheinlich. Durch den scheinbaren Abschluss einer Handlung durch das Verzeihen kann aber doch ein neuer Anfang gesetzt werden.[40]

Es ist also zum einen die Handlung, um die es beim Verzeihen geht, zum anderen aber der Mensch als Schuldiger selbst. In den meisten Fällen ist es so, dass der Mensch eine Handlung nicht aus bösem Willen beginnt, er also nichts Schlechtes beabsichtigt. Jedoch kann es aufgrund der Unabsehbarkeit – durch Missverständnisse oder ähnliches – durchaus dazu kommen, dass eine Handlung Schlechtes oder gar Böses nach sich zieht. Ein Missverständnis, durch das eine Handlung zu einer Kränkung wird, wird meistens mit einer Kränkung beantwortet. Auf etwas, was als boshaft empfunden wird, folgt Rache. Eine Handlung, die ins Böse gekehrt wird, erzeugt Böses. Geschieht dies zwischen zwei Menschen oder zwei Menschengruppen, so bauen sich Fronten auf, die jedes Miteinander blockieren. Allein das Verzeihen beendet die Rache oder die Kränkungen, schließt also diese Handlung des Bösen, diese Handlung im Bösen ab und ermöglicht ein Aufeinanderzugehen beider gegensätzlicher Parteien. Insofern geht es nicht nur um einen Abschluss, sondern auch um einen Neuanfang im Miteinander. Das Verzeihen ist eine punktuelle Tat, die eine gemeinschaftliche Gegenwart möglich macht, von der aus eine Zukunft erst wieder möglich wird, da die ungesellige Gemeinschaft der Vergangenheit abgeschlossen wird.

Für Hannah Arendt steht Jesus von Nazareth symbolisch für die Kraft des Verzeihens: „Was das Verzeihen innerhalb des Bereiches menschlicher Angelegenheiten vermag, hat wohl Jesus von Nazareth zuerst gesehen und entdeckt."[41] Jesus ist hier nicht in erster Linie eine religiöse Figur, deren Existenz als Messias für sie als Jüdin doch eher zweifelhaft sein müsste. Jedoch ist seine Botschaft, nämlich das Verzeihen, für Hannah Arendt gerade in Bezug auf das Handeln, also für die Möglichkeit des gemeinschaftlichen Miteinanders im konkreten Leben wegweisend.[42] Mit Jesus kommt ein neues Denken in die Welt und eine neue Form, mit Konflikten umzugehen, nämlich die Möglichkeit, sie gemeinschaftlich zu lösen.

Jedoch ist Verzeihen nicht immer möglich. Das „radikal Böse"[43], wie Hannah Arendt es im Anschluss an Kant nennt, ist die Handlung, die überhaupt nicht verziehen werden kann. Wenn ein Mensch aber nicht fähig ist, etwas zu verzeihen, so ist entweder die Handlung selbst gänzlich unverzeihlich oder dem Handelnden kann nicht verziehen werden. In beiden Fällen ist für Hannah Arendt eindeutig, dass sich das radikal Böse nicht mehr im zwischenmenschlichen Bereich abspielen kann, denn alles, was menschliche Angelegenheiten betrifft, kann von Menschen geregelt – also auch verziehen – werden. Das radikal Böse kann nur als Begriff auf diejenigen Handlungen angewendet werden, die jede menschliche Angelegenheit übersteigen, d.h. die mit dem zwischenmenschlichen Bereich nichts zu tun haben oder auch nicht von Menschen ausgeführt werden.

Während sich das Verzeihen auf vergangenes Miteinander richtet, das einen gemeinsamen Neuanfang möglich macht, geht das Versprechen auf ein zukünftiges Miteinander aus. Im Versprechen liegt eine gemeinsame Dauerhaftigkeit, denn das Versprechen wird von einer Person an eine andere gerichtet und gilt für eine gewisse bestimmte oder unbestimmte Dauer, während der beide Personen miteinander verbunden sind.

Mit dem Versprechen ist der Mensch fähig, Zukunft zu gestalten. Da das Zukünftige vollends ungewiss und unberechenbar ist, liegt in dem Versprechen zumindest die Möglichkeit, der Zukunft eine Form zu geben, indem man sich auch in Zukunft an bestimmten Bedingungen der Gegenwart orientieren will.

Dieses Festhalten an Bedingungen in einer ungewissen Zukunft bedeutet auch, dass der Mensch sich selbst in dieser

Zukunft Charakter und Identität gibt. Wenn Hannah Arendt von „der grundsätzlichen Unzuverlässigkeit des menschlichen Wesens"[44] spricht, so meint sie, dass der Mensch sich jederzeit verändert. Kein Mensch ist derselbe, der er vor einigen Jahren war und ebensowenig wird er noch in einigen Monaten derselbe sein, der er heute ist. Dieser ständige Wandel – das Unzuverlässige – ist bedingt durch Handeln und Pluralität. Indem der Mensch innerhalb des Bezugsgewebes mit anderen Menschen handelt, lernt er, d.h., er entwickelt sich weiter. Eine genaue Angabe darüber, welche Identität ein Mensch hat, lässt sich aufgrund seiner Fähigkeit sich zu entwickeln nur in einem Moment machen, nicht aber über sein gesamtes Leben.

Das Versprechen, das ein Mensch gibt, bindet ihn auch für die Zukunft an gewisse Charaktereigenschaften und Verhaltensweisen, die mit dem gegebenen Versprechen zusammenhängen. Die Aussage: ‚Ich verspreche Dir die Treue' z.B., wird von jemandem gemacht, der sich zumindest vorgenommen hat, in Zukunft das Treu-Sein zu einer Charaktereigenschaft zu machen. Wenn jemand das Versprechen gibt, mit einem anderen in den Zoo zu gehen, so kann man davon ausgehen, dass derjenige ein gewisses Interesse an Tieren und der Natur hat, das so groß ist, dass er es einem anderen auch mitteilen und zeigen will. In einer Welt, die sich immerzu verändert, und bei einem Wesen, das sich fortwährend entwickelt, gibt das Versprechen dem Menschen seine Identität und somit einen Halt für die Zukunft.

Indem das Versprechen Zukünftiges gestaltet, hat es Handlungscharakter. Mit dem Versprechen beginnt etwas, das in der ungewissen Zukunft zumindest fortgesetzt werden soll. Das Versprechen unterbricht damit automatische Abläufe und bietet ein unerwartetes Neues. Es ist eine Initiative und somit ein Neubeginn, der sich in die Zukunft richtet. Die Fähigkeit des Menschen, etwas versprechen zu können bietet also zweierlei; nämlich einen Anfang und eine Beständigkeit, ebenso wie durch das Verzeihen auch zweierlei erwirkt wird, nämlich der Abschluss und der Neubeginn. Da Versprechen und Verzeihen also niemals nur eine einzige Funktion haben und immer einen Bezug zu anderen Menschen herstellen, stellen diese Fähigkeiten Verbindungen her, die das gemeinschaftliche Handeln und letztendlich auch das gemeinsame Leben überhaupt ermöglichen.

Das Resultat eines jeden menschlichen Handelns sind für Hannah Arendt nicht konkrete Fakten oder Ergebnisse, sondern Geschichten, die sich entwickeln. Durch jedes Handeln wird die Wirklichkeit geformt, denn es geschieht etwas zwischen Menschen da, wo vorher nichts war. Handeln erfüllt den Raum und schafft damit ein Etwas, das konkret ist und somit greifbar und begreifbar wird. Auch trägt das Handeln eine Dauerhaftigkeit in sich und füllt deshalb eine Zeitspanne aus. Dieses Etwas, das sich in Raum und Zeit konkret darstellt, kann zwar festgehalten werden, aber nur provisorisch, da die Entwicklung einer Handlung niemals abgeschlossen werden kann. Die Handlung wird somit zur Geschichte und diese kann erzählt oder aufgeschrieben werden. Die versprachlichte, in Erinnerung gebrachte Geschichte ist die Weise, wie Handlung begreifbar und erinnerbar wird.

Die Zeitspanne eines Menschenlebens, die von Geburt und Tod begrenzt ist[45], besteht aus einer Vielzahl von Handlungen und letztendlich doch nur wieder aus einer einzigen Handlung, die mit dem Geboren-Werden beginnt und mit dem Sterben endet, nämlich der Lebenshandlung – der Lebensgeschichte.[46] Durch die Lebenshandlung, also durch das Sprechen über die Lebensgeschichte, das Erzählen, tritt der Einzelne aus der Menge der unbekannten Menschen heraus. Nur durch die erzählte Lebensgeschichte tritt er also in seiner Einzigartigkeit in Erscheinung und nur so wird er wahrgenommen. Allein auf diese Weise bleibt er dann auch in Erinnerung. Aus diesem Grund ist für Hannah Arendt klar, dass das, was vom Handeln eines Menschen bleibt, die Geschichten sind, „die er verursacht"[47] und die insgesamt zu seiner eigenen Lebensgeschichte werden. Insofern ist für sie eindeutig: „*Wer* jemand ist oder war, können wir nur erfahren, wenn wir die Geschichte hören, deren Held er selbst ist, also seine Biographie"[48].

Leben bedeutet Handeln in Raum und Zeit und es bedeutet deshalb: Die Welt, der alle angehören, für sich und für alle, deren Gut sie ist, zu formen und dadurch Geschichten und Geschichte zu schaffen – und somit eine gemeinsame Vergangenheit.

2.2 Der Sinn des Politischen

Trotz ihrer Ausführungen, die in jeder Hinsicht als philosophisch bezeichnet werden können, versteht Hannah Arendt sich nicht als Philosophin. In ihrem Fernsehgespräch mit Günter Gaus von 1964 macht sie dies explizit deutlich, wenn sie betont: „[...] meine Meinung ist, dass ich keine Philosophin bin"[49], vielmehr ist sie „Professorin für politische Theorie"[50]. Wie hängen also dann ihre dennoch philosophischen Ausführungen zum Begriff der Handlung mit dem des Politischen zusammen?

Für Hannah Arendt gibt es einen bestimmten Ort, an dem das Handeln stattfindet, und wenn sie die historische Entwicklung der Verlagerung des Ortes, an dem die Tätigkeit des Handelns vollzogen wird, darlegt, wird deutlich, dass und warum für sie das Handeln eng mit dem Politischen verknüpft ist, ja sogar, dass das Handeln „die politische Tätigkeit par excellence"[51] ist.

2.2.1 Die Bedeutung des Begriffs Raum

Hannah Arendt unterscheidet ganz klar zwischen dem öffentlichen und dem privaten Raum. Das Private ist für sie der Raum, in dem der Mensch zurückgezogen ist. Hier ist die Sphäre der Intimität, der Bereich, in dem der Mensch geschützt und beschützt ist. Der private Raum hat die Funktion, diese Intimität zu gewährleisten.[52] Der öffentliche Raum hat bei Hannah Arendt zwei Bedeutungen. Zum einen versteht sie darunter die Allgemeinheit, d.h. eine große Anzahl von Menschen, die beachten und Beachtung finden. Der Mensch, der sich im öffentlichen Raum befindet, präsentiert sich diesen anderen Menschen, dieser Allgemeinheit. Er tritt in Erscheinung und wird somit für jeden sichtbar und hörbar. Öffentlich-Sein heißt auch das Sich-unter-die-Menschen-Begeben. Dabei ist nur das oder derjenige wirklich, der sich der größtmöglichen Öffentlichkeit aussetzt. Je mehr Menschen von etwas oder von jemandem erfahren, umso bewusster ist die Wahrnehmung davon und umso mehr wird etwas oder jemand auch als Wirkliches oder als Wirklicher erkannt. Andererseits ist es auch so, dass, je mehr Menschen dasselbe hören und sehen, umso mehr kann man diesem Gehörten und Gesehenen Glauben schenken und sich deren Wirklichkeit, deren Realität versichern.

Das Öffentliche bezeichnet aber nicht nur die Allgemeinheit von Menschen. Zum anderen bedeutet der öffentliche Raum auch die Welt. Hier ist die Welt von Dingen gemeint, also die Welt der vom Menschen hergestellten Dinge. Diese stehen allen Menschen gemeinsam zur Verfügung und schaffen somit eine Verbindung zwischen den Menschen, die sie gemeinsam nutzen.

2.2.2 Die historische Entwicklung

Die Trennung zwischen öffentlichem und privatem Raum ist für Hannah Arendt vor allem in Bezug auf die historische Entwicklung wichtig. Ihre Ausführungen beginnen bei der griechischen Polis und enden in der Neuzeit.

Im antiken Griechenland, genauer gesagt in der Staatsform der Polis, existiert eine strikte Trennung zwischen dem privaten und dem öffentlichen Raum. Der private Raum ist gleichzusetzen mit dem Haus, in dem die Hausgemeinschaft, bestehend aus Familienangehörigen und Sklaven, vom Familienoberhaupt, dem Familienvater, geleitet und dominiert wird. Die private Sphäre ist gekennzeichnet von der Notwendigkeit. Dies bedeutet, dass alles, was unbedingt zum Leben im Sinne von Über-leben benötigt wird, allein in diesem Bereich angesiedelt ist.

Das Notwendige betrifft zum einen das Über-leben des Einzelnen, also der Familiengemeinschaft. Es handelt sich hierbei sowohl konkret um die Ernährung des Einzelnen als auch um den wirtschaftlichen Bereich, das Haushalten im Sinne von Organisation und – im modernen Jargon – die Finanzverwaltung. Der Bereich der Ernährung gehört zu Hannah Arendts Begriff des Arbeitens. Insofern weitet sich der private Bereich aus und betrifft nicht nur das Haushalten innerhalb der Familiengemeinschaft, sondern zugleich jede Berufsgruppe, die das Über-leben sichert. Hierzu zählen ebenfalls all diejenigen, die sich um das Finanzielle im Allgemeinen sorgen müssen, also diejenigen, die Geld verdienen müssen. Insofern sind auch Kaufleute und freie Handwerker dem privaten Raum zuzuzählen, eben alle, deren Beruf den Begriff des Herstellens umfasst. Zum anderen betrifft das Notwendige das Über-leben der Gattung, nämlich des Menschen. Dies ist die Rolle der Frau, die Kinder gebiert und sie erzieht. Deshalb gehört der weibliche Teil der Bevölkerung der Polis ausschließlich dem privaten Raum an.

Wie bereits erwähnt, steht der Familienvater der Hausgemeinschaft vor, er herrscht über sie. Dieses Be-herrschen zeigt, dass es sich bei der Familiengemeinschaft um ein Zusammenleben von Ungleichen handelt. Da auch Sklaven zu dieser Gemeinschaft zählen, ist innerhalb der Hausgemeinschaft eine hierarchische Gliederung vorzufinden. Auch herrscht in jeder Hierarchie, die von einem be-herrscht wird, die Situation einer Dominanz vor, was gleichbedeutend mit der Ausübung von Gewalt ist. Aufgrund dieser hierarchischen Struktur weitet sich der private Raum wiederum über die einfache Hausgemeinschaft aus und betrifft ebenso jeden Herrscher eines Volkes.

Dem privaten Raum ist der öffentliche Raum entgegengesetzt, das Reich der Freiheit. Voraussetzung hierfür ist auch die Freiheit, nämlich im Sinne von Unabhängigkeit von jeglicher Notwendigkeit. Der öffentliche Raum der Polis ist also lediglich den Männern vorbehalten, deren Existenz durch ihren privaten Raum gesichert ist. Einen privaten Raum zu haben, bedeutet Eigentum zu besitzen, was die Voraussetzung für die Freiheit ist. Gleichzeitig muss dieses Eigentum auch so gesichert, also finanziell abgesichert sein, dass der Eigentümer sich keine Sorgen um die finanzielle Situation machen muss.

Dem freien Mann stehen drei Lebensweisen – ‚bioi', wie Hannah Arendt sie in Anlehnung an Aristoteles nennt – zur Wahl, die er im öffentlichen Raum erfüllen kann. Allen diesen Lebensweisen ist gemeinsam, dass sie sich mit dem „Schönen" beschäftigen, also mit all dem, was nicht notwendig und somit zum Über-leben gebraucht wird. So ist eine Lebensweise „das Leben, das im Genuss und Verzehr des körperlich Schönen dahingeht"[53]. Die zweite „das Leben, das innerhalb der Polis schöne Taten erzeugt"[54] – der ‚bios politikos'. Schließlich ist die dritte Lebensweise diejenige des Philosophen, „der durch Erforschen und Schauen dessen, was nie vergeht, sich im Bereich immerwährender Schönheit aufhält"[55] – der ‚bios theoretikos'. Allein schon an der griechischen Bezeichnung können wir erkennen, dass die zweite Lebensweise – der ‚bios politikos' – der Bereich des im eigentlichen Sinne Politischen ist. Da diese Lebensweise sich in Taten, also im Handeln äußert, ist somit für Hannah Arendt das Handeln das eigentlich Politische.

Das Politische gehört also in den öffentlichen Raum, der sich nicht nur durch die Freiheit auszeichnet, sondern auch durch die Gleichheit. Alle freien Männer, die sich im öffentlichen Raum bewegen und eine freie Lebensweise wählen, sind gleich im Sinne von gleich-gesinnt. Sie erfüllen dieselben Voraussetzungen und haben dasselbe Ziel – nämlich sich in und vor der Öffentlichkeit besonders auszuzeichnen. Der öffentliche Raum ist somit der Raum der Besten, der eben keinen Durchschnitt zulässt. Wichtig ist auch hier der Aspekt der Pluralität, denn das Sich-Auszeichnen findet vor den Augen vieler statt und geschieht quasi in Konkurrenz mit vielen, von denen keiner dem anderen gleicht.

Zum Handeln gehört auch das Sprechen, das ursprünglich mit dem Handeln eine Einheit bildet. Ja sogar mehr noch: Sprechen wird als Handeln verstanden. Allerdings bemerkt Hannah Arendt, dass diese beiden Formen der Tätigkeit nach und nach auseinanderdriften, sodass beide für sich allein bestehen.[56] Trotzdem drückt sich der Handelnde durch das Sprechen aus, er macht so auf sich und seine Handlungen aufmerksam.

„Stumm ist nur die Gewalt"[57], bemerkt Hannah Arendt, wobei Gewalt als präpolitische Tätigkeit bezeichnet wird, die sich lediglich in hierarchischen Strukturen äußert, wie im despotischen Staat oder im privaten Raum – innerhalb der Familiengemeinschaft. Durch Gewalt aber zeichnet sich der Mensch nicht vor den anderen aus. Dies geschieht allein durch Handeln und Sprechen, weshalb diese die zwei Formen der politischen Tätigkeit für Hannah Arendt sind.[58] Das Sprechen im politischen Sinne ist die Rede, nämlich das Mittel des Überredens und des Überzeugens. Insofern bedeutet politisch sein für Hannah Arendt „alle Angelegenheiten vermittels von Worten, die überzeugen können"[59] zu regeln.

Das Politische besteht also in zweierlei: Zum einen aus dem Bereich des Öffentlichen, nämlich dem Unter-Menschen-Sein, die gleiche Voraussetzungen erfüllen, gleiche Ziele verfolgen und somit gleichgesinnt sind, ohne deshalb ihre eigene Individualität einzubüßen; zum anderen aus dem Miteinander-Sprechen und gemeinsam Handeln.[60]

Das Politische ist also mit dem Handeln gleichzusetzen, und im Gegenzug ist dann auch das Handeln jederzeit politisch. Folglich sind Geschichten, die sich aus Handlungen zusammensetzen, auch politisch. Das, was wir *die Geschichte* nennen, besteht, ebenso wie die Biographie, aus vielen kleinen Geschichten[61], und somit ist auch diese eigentlich politisch, denn sie setzt sich letztendlich aus vielen Handlungen und Taten zusammen.[62]

Noch ein anderer Aspekt ist zu beachten, wenn es um Geschichte als solche oder als politische geht. Politische Geschichte als Gesamtheit vieler einzelner Geschichten verstanden, setzt sich aus individuell oder gemeinschaftlich erlebten Ereignissen zusammen. Diese sind ebenso vielfältig wie authentisch. Geschichte bezieht sich also immer auf den einzelnen Menschen oder auf eine Gemeinschaft von Menschen und deren Handeln. Insofern ist Geschichte nicht abstrakt und kann es auch nicht sein oder es durch eine Wissenschaft werden. Auch ist sie in keiner Weise kalkulierbar oder vorhersehbar. Geschichte ist politisch, weil sie aus menschlichem Handeln entsteht und somit die Gesamtheit des bisher geführten Lebens darstellt. Es ist das gelebte Leben, das die Geschichte gestaltet und nicht abstrakte Vorstellungen, wie sich die Welt zu entwickeln hat. Dies wird deutlich, wenn Hannah Arendt betont: „Die Welt wird nicht von Ideen verändert, sondern von Ereignissen"[63].

Diese Ur-form des Politischen geht aber im Laufe der Zeit verloren und verändert sich. Der Grund hierfür liegt für Hannah Arendt vor allem in der veränderten Einstellung des Menschen zum Leben. Innerhalb des öffentlichen Bereichs der Polis kommt es hauptsächlich darauf an, sich vor den anderen auszuzeichnen und sich somit unsterblich zu machen. Unsterblichkeit bedeutet ein Währen und Dauern in der Zeit.[64] Der Mensch, der sterblich ist und dessen Zeit deshalb begrenzt ist, möchte sich selbst unsterblich machen und somit die Erinnerung an sich in der Welt bewahren. Seine Aufgabe im Leben besteht also darin, Werke, Taten und Worte hervorzubringen, die ihn unsterblich machen.

Dies jedoch ändert sich mit dem Aufkommen des Gedankens an die Ewigkeit. Dieser existiert zwar bereits im antiken Griechenland, wird jedoch vor allem im Christentum wirklich präsent. Der Glaube an ein Leben nach dem Tod, also an die Ewigkeit, führt zum Primat der Kontemplation. Dies bedeutet, dass das Miteinander der Menschen bedeutungslos wird. Kontemplation braucht Ruhe und findet in der Abgeschiedenheit von anderen statt. Hier verlässt der Mensch die Pluralität und muss sich auch durch nichts mehr auszeichnen, denn sein Gewinn ist das ewige Leben. Die Kontemplation schließt jegliche menschliche Tätigkeit aus, auch das Politische. Indem allerdings die Kontemplation zum Primat des menschlichen Lebens wird, werden sämtliche anderen menschlichen Tätigkeiten abgewertet. Dies bedeutet, dass das Handeln und auch das Denken dem Herstellen und dem Arbeiten gleichgestellt werden. Die Unsterblichkeit einiger weniger ausgezeichneter Menschen, die vornehmlich durch deren Werke und Taten verwirklicht wird, findet ihren Ersatz in der Ewigkeit der Seele jedes Menschen. Hierin existieren keine Unterschiede der Menschen mehr.

2.3 Moderne Welt – Verkehrte Welt

2.3.1 Der Einbruch des Notwendigen in die Öffentlichkeit

Die Folge dieser Umwertung des gesamten menschlichen Lebens wird in der geschichtlichen Entwicklung sichtbar. Durch die Degradierung der Tätigkeit des Handelns einerseits und die Aufwertung aller Menschen als Gleiche andererseits werden die Grenzen zwischen öffentlichem und privatem Raum gelockert. Beide Räume, die vorher voneinander getrennt waren, verschmelzen miteinander, sodass das, was dem privaten Bereich angehörte, jetzt im öffentlichen Raum für alle zu sehen und zu hören ist. Anstelle von zwei getrennten Räumen entsteht nun ein Raum: Der gesellschaftliche Raum.

Dieser neue Raum ist vor allem dadurch geprägt, dass die Notwendigkeit des Über-lebens in die Öffentlichkeit tritt. Somit wird das öffentliche „kollektive" Haushalten wichtig, das heute die Namen „National-Ökonomie", „social economy" oder „Volks-Wirtschaft"[65] trägt. Dies bedeutet, dass der gesellschaftliche Raum als antike Familienstruktur verstanden wird. Deshalb finden wir bei Hannah Arendt in der modernen Gesellschaft auch all das wieder vor, was die Familiengemeinschaft der Polis gekennzeichnet hat, nämlich die Familiengemeinschaft selbst, die Hierarchie, die Ausübung von Gewalt und die Notwendigkeit, die das Überleben sichert, also das Arbeiten.

Die antike Familiengemeinschaft lebt in hierarchischer Struktur zusammen und wird von einem Familienoberhaupt dominiert. Im gesellschaftlichen Raum entsteht aus dieser Struktur die Massengesellschaft. Hier werden alle Menschen als Glieder einer Familie gesehen. Die gebildeten Nationen sind das Familienkollektiv geworden und verstehen sich als solches. Die Gefahr dabei ist, dass das Bewusstsein in einer Nation, also einer Art Groß-Familie im weitesten Sinne zu leben, den Sinn für die eigene kleine Familie schwächt. Letztere verfällt umso mehr, je stärker sich der Einzelne in der Nation eingebunden und aufgehoben sieht und sich ihr gegenüber verpflichtet fühlt.

Die moderne Gesellschaft hat sich jedoch weiterentwickelt und so unterscheidet sie sich von der antiken insofern, als es keine Sklaven mehr gibt, welche die Arbeit verrichten und somit das zum Über-leben Notwendige leisten. Die Arbeit verrichten alle, da alle kollektiv dazu beitragen, das Überleben der Nation durch allgemeines Haushalten zu sichern. Somit erhält die Tätigkeit der Arbeit einen größeren Stellenwert, sie wird quasi zum Mittelpunkt aller Tätigkeiten. Aber auch die Arbeit hat eine Bedeutungsänderung erfahren. Ging es in der Antike noch darum, natürliche Rohstoffe zu erzeugen und zu verarbeiten, so ist nun lediglich der Broterwerb in abstrakter Form, nämlich das Geldverdienen, wichtig.

Arbeiten ist zum Hauptziel der modernen Gesellschaft geworden. Hannah Arendt macht dies deutlich, wenn sie feststellt: „[...] das eigentliche Kennzeichen der modernen Wirtschaft ist nicht so sehr die Warenproduktion wie die Umwandlung der Werktätigkeit in Arbeit"[66]. Dabei versteht sie unter Werktätigkeit die Gesamtheit aller menschlichen Tätigkeiten, nämlich Arbeiten, Herstellen und Handeln, die gleichberechtigt nebeneinander stehen. Diese werden in der modernen Gesellschaft allein auf das Arbeiten, nämlich das Geldverdienen zum Zwecke des Konsums, reduziert. In der modernen Gesellschaft heißt Wirtschaft demnach Ankurbelung des Konsums. Hannah Arendt kritisiert dies scharf, wenn sie bemerkt:

> „An die Stelle von Dauer, Haltbarkeit, Bestand, die Ideale von Homo faber, des Weltbildners, ist das Ideal des Animal laborans getreten, das, wenn es träumt, sich den Überfluss eines Schlaraffenlandes erträumt."[67]

Allerdings führt diese Entwicklung gerade nicht zum erhofften Schlaraffenland. Vielmehr trifft die moderne Gesellschaft auf ein Problem, nämlich „wie man eine individuell begrenzte Konsumkapazität mit einer prinzipiell unbegrenzten Arbeitskapazität in Einklang setzen kann."[68] Prinzipiell unbegrenzt bedeutet hier, dass nicht mehr einer Allein für sein eigenes Überleben oder dasjenige seiner Familie sorgt, sondern dass alle zum Arbeiter – dem Animal laborans – geworden sind. Sie alle sorgen für das leibliche Wohl jedes Einzelnen und der Allgemeinheit.

Insofern besteht Arbeiten nur noch in dieser einen Aufgabe, die von allen gleichermaßen erfüllt wird; es hat keine inhaltliche Bedeutung mehr. Nicht, was die Arbeit ausmacht, ist wichtig, sondern dass sie verrichtet wird – nämlich um Geld zu verdienen und es zu vermehren. Die moderne Gesellschaft ist eine Arbeitsgesellschaft und eigentlich eine Konsumgesellschaft.[69] Aber sie besteht laut Hannah Arendt auch nicht mehr aus Arbeitern im ursprünglichen Sinne, sondern aus „Jobholdern"[70] – Menschen, die einen Job haben, dessen Inhalt nicht weiter von Bedeutung ist. Hannah Arendt bedauert dies sehr und so ist ihr trauriges Fazit:

> „[...] so ist die Hauptaufgabe eines jeden Berufs, ein angemessenes Einkommen zu sichern, und die Anzahl derer, besonders in den freien Berufen, deren Berufswahl von einem anderen Ziel geleitet ist, ist rapide im Abnehmen begriffen. Die künstlerischen Berufe – genau gesprochen die einzigen „Werktätigen", welche die Arbeitsgesellschaft übriggelassen hat – bilden die einzige Ausnahme, die diese Gesellschaft zu machen bereit ist."[71]

2.3.2 Vom Eigentum zum Besitz

Die große Bedeutung, die dem Verdienen und dem Erwerben von Geld zukommt, erklärt Hannah Arendt damit, dass die Gebrauchswerte – also die von Menschen hergestellten Dinge – nach und nach zu Tauschwerten geworden sind. Dies hängt mit der Degradierung der Bedeutung des Begriffs Eigentum zusammen.

In der Antike bedeutete das Eigentum das Reich des Privaten, das erst die Freiheit in der Öffentlichkeit gewährleistet. Es ist das, was zum Leben notwendig ist und außerdem wird es aufgebraucht, da sich der freie Mann nicht um das Erwerben kümmert, sondern eben von dem lebt, was er hat – das, was seine Freiheit garantiert.[72] Privates Eigentum, das dem Familienkollektiv der Öffentlichkeit gehört, wird jetzt zu Besitz. In dieser Bedeutung ist das Private nicht mehr der Ort, der jemandem gehört und insofern auch zu jemandem gehört. Das private Eigentum, als Besitz verstanden, ist eigentlich auch nicht mehr privat, sondern Allgemeingut. Als solches kann es getauscht und aus-getauscht werden, sobald ein bestimmter Wert erbracht wird, der dem Besitz entspricht. Diese Funktion übernimmt das Geld.

Die Dinge haben ihren Charakter verloren. Sie vereinen Menschen nicht mehr, dienen nicht mehr als Verbindung der Menschen miteinander. Wer z.B. ein Grundstück oder ein Haus erbt, interessiert sich nicht mehr dafür, wer dieses Grundstück oder Haus auf welche Weise oder unter welchen Umständen erhalten hat und wie viele Generationen es beherbergt hat. Nicht mehr die Familiengeschichte, die Tradition der Verbindung und der Gemeinschaft ist hier wichtig. Auch wird gemeinschaftliches Erbe eher zum Streitobjekt, als zum Verbindungsglied zwischen verschiedenen Personen einer Familie. Viel wichtiger wird hier vor allem ein besonderer Wert, den die Dinge nun haben – ihr Tauschwert.

Auch hat sich das Interesse an den Dingen geändert. Nicht mehr das als Eigentum-Haben und das Aufbrauchen sind wichtig, sondern das Vermehren – vor allem das Vermehren von Geld. Dies ist die Bedeutung von *Besitz*, die Hannah Arendt in der modernen Gesellschaft findet: Besitz ist Allgemeingut und wird vermehrt. Die Vermehrung des Geldes ist die Aufgabe, die durch die Arbeit des modernen Menschen erfüllt wird: Arbeiten ist Geldvermehren.

Reichtum bedeutet nicht mehr Besitz haben und sich um die finanzielle Absicherung keine Sorgen mehr machen zu müssen. Heute ist derjenige reich, der Geld besitzt und die meisten Konsumgüter anhäufen kann. Dies aber ist das Kennzeichen einer „vergesellschafteten Menschheit"[73], einer Menschheit, die sich nicht mehr auf Traditionen beruft und deren Werte oberflächlich und gehaltlos geworden sind. Mit Bedauern muss Hannah Arendt feststellen:

> „In einer solchen Gesellschaft leben wir bereits, insofern durchschnittlich das Vermögen nicht mehr nach dem beurteilt wird, was einer besitzt, sondern was er einnimmt und ausgeben bzw. verzehren kann."[74]

2.3.3 Die Gefahren der modernen Welt

Homo faber, der Hersteller, verändert die Natur aber nicht allein durch seiner Hände Arbeit. Vielmehr hat er sich schon sehr früh Hilfsmittel erschaffen, die ihm dazu dienen, die Natur leichter zu be- und zu verarbeiten. Dieses sind seine Werkzeuge, die, waren sie noch in der Steinzeit Vorläufer von dem, was wir heute Hämmer oder Messer nennen, heute weitaus abstrakter geworden sind – nämlich Maschinen. Dies führt in der heutigen modernen Welt zu einer allgemeinen Mechanisierung, was für Hannah Arendt jedoch nicht bedeutet, dass der Mensch mechanisiert wird. Auch bleibt der Mensch nach wie vor der Herr der Maschine. Was die Maschine allerdings ersetzt, ist die körperliche Arbeit, also den „Körperrhythmus"[75]. Zudem hat sich der Mensch auch daran gewöhnt, dass er mit Maschinen umgeht und diese die körperliche Kraft ersetzen[76].

Die Technisierung der modernen Gesellschaft verläuft laut Hannah Arendt in mehreren Stufen. Im ersten Stadium, dem Zeitalter der Dampfmaschine, also der Industriellen Revolution, wurde sowohl Naturkraft ersetzt, als auch Natur – nämlich Kohle – verwendet und ausgebeutet[77]. Die Dampfmaschine ist aber noch dazu eine Imitation der Körperbewegung des Menschen. Dies wird von Hannah Arendt verurteilt, wenn sie warnt: „Unter keinen Umständen darf das Entwerfen von Maschinen von dem Ziel geleitet sein, die Hand des Arbeiters zu ersetzen oder die Handbewegungen dessen nachzuahmen, der die Maschine bedient."[78], denn dies bedeutet, dass früher oder später der Mensch und seine Arbeitskraft von der Maschine ersetzt wird, was zu einer Degradierung des Menschen führt.

Das nächste Stadium ist dasjenige der „Elektrizität und Elektrifizierung"[79]. Hier ist die Welt technisch bestimmt; die Technik ist nicht mehr nur ein verbessertes Mittel zur Herstellung, sondern sie dient zur künstlichen Nachahmung eines natürlichen Prozesses[80]. Mit der und durch die Technik wird das Natürliche verändert oder künstlich gemacht – der Mensch macht Prozesse selbst, die dann auf denaturierte Weise zu Naturprozessen werden[81]. Hier liegt die Gefahr, dass das promethische Schaffen zum Fluch wird, dass der Mensch letztendlich zu Goethes Zauberlehrling wird, der nicht mehr kontrollieren kann, was er geschaffen hat.

Das letzte Stadium ist die „Automation"[82]. Hannah Arendt versteht hierunter in erster Linie die Verwendung von Atomenergie und zwar in der Weise, dass die gesamte menschliche Technik allein auf Atomenergie beruht, von ihr ge- und betrieben wird. Es geht für Hannah Arendt hierbei nicht mehr um Naturkräfte der Erde, die ausgebeutet und imitiert werden, sondern darum, dass sich der Mensch anderer

Kräfte bedient, die nicht mehr nur von der Erde stammen[83]. Diese futuristische Vision ist in der Tat noch nicht erreicht – Hannah Arendt sieht die moderne Gesellschaft erst im zweiten Stadium[84] – aber die Zukunftsmusik lässt für sie bereits deutliche Töne erklingen. Ein zweiter Gesichtspunkt der Automation ist, dass alles automatisch – also durch Maschinen – produziert wird[85]. Weder Herstellung noch Endprodukt weisen hier das Natürliche auf; natürliche, irdische Kraft wird vollständig ersetzt.

Das Paradoxe dabei ist – darauf weist Hannah Arendt hin – dass jedes Werkzeug bis hin zur modernen Technik eigentlich nicht dem Menschen dient, zu dessen Arbeitserleichterung es ja erschaffen worden sein soll. Vielmehr dienen diese Mittel dem Gegenstand – der Errichtung der neuen Welt des Prometheus'[86]. Daraus resultiert für Hannah Arendt die Frage, „ob die Maschine noch im Dienst der Welt und ihrer Dinghaftigkeit steht oder ob sie nicht vielleicht im Gegenteil angefangen hat, ihrerseits die Welt zu beherrschen"[87].

Die moderne Massengesellschaft hat noch weitere Aspekte der antiken Familiengemeinschaft beibehalten und in die Öffentlichkeit getragen. War der öffentliche Raum in der Polis noch der Ort, an dem der freie Mann handelte und sich auszeichnete, so entwickelt sich hier in der Moderne der Konformismus. Familie im antiken Sinn bedeutet Angepasst-Sein, sich der Meinung des Oberhauptes fügen und sie innerhalb der Familie übernehmen und mittragen. Dieser Sinn besteht nach wie vor, und in der modernen Gesellschaft äußert sich dies in einem kollektiven Sich-Verhalten. Es geht nicht mehr darum, sich im öffentlichen Raum mit anderen Gleichgesinnten zu messen und sich vor der Öffentlichkeit als Bester auszuzeichen. Vielmehr bedeutet das Sich-Messen in der und vor einer Öffentlichkeit nun, sich in seinem Angepasst-Sein zu beweisen.

Für Hannah Arendt gibt es eine moderne Form des Gleich-Seins, das in der Öffentlichkeit existiert. Allerdings handelt es sich hierbei nicht mehr um das Gleichgesinnt-Sein von Menschen, die gleiche Voraussetzungen erfüllen und gleiche Ziele haben. Die moderne Variante besteht vielmehr in einer Form der Gleichheit, der „modernen Egalität"[88]. Die Familienstruktur, die in die Öffentlichkeit getragen ist, büßt ihre hierarchische Gliederung ein und übernimmt das Prinzip des Sich-Gleichens.[89] Dabei kommt es jedoch zu einer Nivellierung aller Gruppen[90]. Gleich-heit heißt nun: In der Öffentlichkeit gleichberechtig erscheinen dürfen. Da jedoch niemand mehr dieselben Voraussetzungen hat, müssen zumindest dieselben Ziele geschaffen werden. Nicht mehr die Freiheit verbindet die Gesellschaft, sondern lediglich das Interesse am Geldverdienen. Als gemeinsames Ziel gilt das bestmögliche Angepasst-Sein, nicht mehr der Beste zu werden, sondern sich dem allgemeinen Durchschnitt anzupassen.

Dies führt zu angepassten Meinungen, angepassten Verhaltensweisen, angepassten Leben. Eine Pluralität, so wie Hannah Arendt sie fordert, gibt es nicht mehr in einer Gesellschaft, die sich gleich verhält und jeden diskriminiert, der anders ist. Wer anders ist, ist auffällig; und dies nicht im positiven Sinne, sondern im negativen. Man legt keinen Wert mehr auf vielfältige und unterschiedliche Perspektiven. Am besten verdeutlicht wird dies laut Hannah Arendt in der großen Bedeutung, die in der modernen Welt Statistiken erlangt haben. Wichtig ist bei diesen Berechnungen nämlich gerade der Durchschnittswert, der sich aus vielen Einzelwerten zusammensetzt. Allerdings sind diese Einzelwerte nur insofern von Bedeutung, als sie den Durchschnitt stützen. In anderen Worten: Das Einzelne wird zum Mittel zum Zweck, damit es dem Durchschnitt dienen kann. Hannah Arendt sieht hier eine große Gefahr, denn für sie bedeuten Statistiken neben der Erforschung des einheitlichen Sich-Verhaltens[91] vor allem auch die Illusion, menschliche Angelegenheiten berechnen zu können[92]. Insofern sind Statistiken in zweierlei Hinsicht eine „mathematische Manipulation der Wirklichkeit"[93]. Einerseits machen sie menschliche Tätigkeiten zum Durchschnitt, indem sie glauben lassen, es gäbe nur noch eine – die durchschnittliche – Wirklichkeit und somit auch Wahrheit. Andererseits vermitteln sie den Eindruck, dass alles, was in der Welt und im menschlichen Leben passiert, statistisch erfassbar ist und dass dank vieler Statistiken letztendlich alles vorhersagbar wird.

Auch wenn letztendlich die moderne Gesellschaft an sich keine Hierarchie mehr kennt, so wird sie laut Hannah Arendt dennoch beherrscht. Die Herrschaft des Familienoberhauptes wurde abgelöst durch die Herrschaft des Niemand[94]. Dies bedeutet, dass kein Mensch die Gesellschaft beherrscht, sondern ein anderer Organismus und dieser ist laut Hannah Arendt die *Bürokratie*. Der Mensch unterliegt nun nicht mehr der Gewalt eines anderen Menschen, dem er sich fügen muss oder den er besiegen und überwinden kann, sondern er unterliegt der Gewalt der allgemeinen Datenerfassung und Normierung, die für die Bürokratie charakteristisch sind. Dem kann er sich nicht entziehen. Die Herrschaft des Niemand kann nicht überwunden werden.

2.3.4 Die absehbaren Folgen

Für Hannah Arendt ist eindeutig, dass das Kennzeichen der Neuzeit die „Weltentfremdung"[95] ist. Dies bedeutet, dass der Mensch im höchsten Maße aktiv ist. Er arbeitet viel und hart und lässt sich kaum freie Zeit. Da jedoch das Arbeiten ausschließlich dazu dient, Geld zu vermehren, um sich Konsumgüter leisten zu können, vergisst der Mensch, was Arbeiten oder Herstellen im ursprünglichen Sinne bedeutet, nämlich mit und in der Natur leben und eine Welt gestalten. In der Neuzeit kümmert sich der Mensch eigentlich nicht mehr darum, wofür er ursprünglich aktiv sein sollte – nämlich die Welt. Er verfällt in eine Art Weltvergessenheit, er vergisst die Welt um sich herum, denn er hat keine Sorge mehr um die Welt, er hat aber auch keinen Genuss mehr an ihr.

Das letzte Stadium dieser Entwicklung hin zur absoluten Weltentfremdung ist für Hannah Arendt das, was wir heute als die Globalisierung anpreisen und feiern. Sie jedoch nennt es den „Niedergang der europäischen Nationalstaaten"[96] und „die Schrumpfung der Erde in geographischer und wirtschaftlicher Hinsicht"[97]. Dies hängt auch damit zusammen, dass es für Menschen immer einfacher wird, dank verschiedener Verkehrsmittel große Distanzen zu überwinden. Hinzu kommt, dass Menschen nun glauben, sie bilden eine Einheit – was aber auch ein Trugschluss ist, denn allein die Tatsache, dass man schneller von einem Ort zum anderen gelangen kann, schafft keine Einheit und auch keine Gemeinsamkeit. Diese wird nur durch gemeinsame Voraussetzungen, Grundlagen und Ziele gebildet, also durch gemeinsames Miteinander. Insofern ist auch für Hannah Arendt eindeutig, dass ein Weltbürgertum nicht möglich sein wird, dass es eine Utopie ist[98], und sie warnt gleichzeitig davor, denn für sie ist klar: „[...] niemand wird je Bürger der Welt sein können, wie er Bürger des eigenen, begrenzten Landes war"[99].

Was Hannah Arendt an der Entwicklung der Neuzeit außerdem beunruhigt ist, dass durch das gemeinsame Ziel des Geldvermehrens und des Konsumierens einerseits und durch die Weltentfremdung andererseits das für den Menschen eigentlich Interessante lediglich der Prozess wird. Diese Feststellung kommentiert sie sehr bitter:

> „Vom Standpunkt des Herstellenden und Fabrizierenden aus gesehen, bietet das moderne Weltbild ebenfalls das Bild einer Verkehrten Welt, einer Welt nämlich, in der die Mittel, der Herstellungs- oder Entwicklungsprozess, wichtiger geworden sind, als die Zwecke, die hergestellten oder gewachsenen Dinge."[100]

Die Welt, in der wir leben, ist zur verkehrten Welt geworden. Im Vergleich zur griechischen Polis hat sich in der Neuzeit der Ort verkehrt, indem das Notwendige in die Öffentlichkeit eingedrungen ist. Diese Verkehrung hat mehrere gravierende Folgen, die bereits erörtert wurden. Jedoch gipfelt diese verkehrte Welt darin, dass nicht mehr die Dinge und die Personen wichtig sind, um die es ja eigentlich in der Welt gehen sollte, sondern nur noch, was von wem in welcher Weise geleistet wird. Insofern wird alles nur noch zu einem Prozess und auch nur noch als solcher erlebt und betrachtet. Dies gilt für alle Bereiche des Lebens. Auch – und dies erschüttert Hannah Arendt am meisten – für die Wissenschaft. Wenn sie nun feststellen muss:

> „Der Wissenschaftler stellt nur her, um zu wissen, nicht um Dinge hervorzubringen, und was immer er auf Grund seines Erkennens produzieren mag, ist für ihn ein bloßes Nebenprodukt, eine reine Begleiterscheinung"[101],

so sieht sie, dass der Wissenschaftler, der Intellektuelle auch einem Prozess verfallen ist, nämlich dem Prozess des Wissens. Das Ding interessiert ihn nicht mehr, es wird unwichtig. Dies ist umso tragischer, da ja gerade der Wissenschaftler sich um die Welt kümmern soll, sie und die Dinge in ihr sein Gegenstand ist. Wenn auch den Wissenschaftler, den Intellektuellen nur noch der Prozess interessiert und er somit zum Hersteller von Wissen wird, so ist auch hier kein Platz mehr für Handeln und Sprechen. Der Intellektuelle hat somit sein eigentliches Wesen verloren.

Die Gefahr ist für Hannah Arendt, dass „[i]m Modus des Herstellens zu handeln, bzw. in der Form eines Kalkül mit Konsequenzen zu denken, heißt, das Unerwartete und damit das Ereignis selbst auszuschalten."[102] Der Mensch, der nur noch in Prozessen denkt, erwartet, dass diese Prozesse auch reibungslos ablaufen. Alles, was diese Prozesse stört, das Unerwartete, das Unwahrscheinliche nämlich, muss eliminiert werden. Dies bedeutet aber auch gleichzeitig, dass der Mensch versucht, das Leben selbst, das durch die Bedingung der Natalität das Unwahrscheinliche notwendigerweise beinhaltet, nur noch auf seinen Prozesscharakter festzulegen, und Hannah Arendt sieht diese Entwicklung sehr deutlich, wenn sie sagt: „Sein wird überhaupt nur noch als Prozess erfahren"[103]. Damit wird aber dem Leben selbst das Lebendige genommen.

2.4 Die Rolle des Denkens, die Rolle der Denker

Hannah Arendt sieht eine historische Entwicklung, die sich in zwei Schritten vollzieht. Der erste Schritt ist derjenige, den das christliche Mittelalter vollzieht. Hier wird die Ewigkeit wichtiger als die Unendlichkeit, und mit dieser Entscheidung auch der Bezug des Menschen zur Ewigkeit. Letzterer wird in der Kontemplation deutlich, die das Primat erhält. Durch diese neue Orientierung des Menschen wird das Handeln nicht mehr als die vorzügliche Tätigkeit des Menschen verstanden, die das Wesen des Menschen überhaupt ausmacht. Vielmehr wird das Handeln, das sich allein im zwischenmenschlichen Bereich abspielt, degradiert und den anderen Tätigkeiten Arbeiten und Herstellen zugeordnet, die an Materielles gebunden und damit verknüpft sind.

Der zweite Schritt wird in der Moderne vollzogen. Nicht mehr Ewigkeit oder Unendlichkeit sind für den modernen Menschen von Interesse. Auch das Dauernde oder die Kontemplation verlieren ihre Bedeutung. Der moderne Mensch orientiert sich am Leben. Ihm geht es vor allem um das In-der-Welt-Sein, also um das Leben an sich, das zum Primat wird. Nicht sein Wirken auf Dauer oder eine mehr oder weniger dubios gewordene Existenz in Ewigkeit sind von Bedeutung, sondern das Jetzt und Hier – heutzutage können wir gar auf die Komponente des Spaßes unserer vermeintlichen Spaß-Gesellschaft verweisen – ist das Einzige, was zählt. Dieses Interesse am Leben zeigt sich vor allem darin, dass die Tätigkeit der Arbeit den höchsten Stellenwert einnimmt. Herstellen, Handeln und auch die Kontemplation werden dieser Tätigkeit voll und ganz untergeordnet. Dies gilt auch für das Denken, und wenn Hannah Arendt bemerkt:

„Auch das Denken, sofern es im Schlussfolgern besteht, ist zu einer Gehirntätigkeit degradiert"[104],

so drückt sie ihr Bedauern darüber aus, dass in der modernen Gesellschaft auf eigenständiges Denken keinen Wert mehr gelegt wird.

Kennzeichen der Arbeit ist für Hannah Arendt, „dass sie nichts objektiv Greifbares hinterlässt, dass das Resultat ihrer Mühe gleich wieder verzehrt wird und sie nur um ein sehr Geringes überdauert."[105] Diese Definition von Arbeit gilt heutzutage in gewisser Weise auch für das Denken, bzw. sie kann auf das Denken angewendet werden. Im Vergleich zur körperlichen Arbeit wird Denken zur geistigen Arbeit; derjenige, der diese ausführt, wird zum Kopfarbeiter[106].

Allerdings ist Denken an sich eine ganz und gar unproduktive Tätigkeit, da nichts flüchtiger ist, als der Gedanke und das Denken mit dem Tod des Denkenden endet. Für Hannah Arendt ist Denken „ein inneres Sich-Bewegen in Gedankengängen“[107], während Kontemplation das „Anschauen eines Wahren“[108] ist. Allein der Ausdruck des Sich-Bewegens deutet auf eine Denk-Tätigkeit hin, also eine Aktivität, die vollzogen wird. Wie Sokrates versteht Hannah Arendt das Denken als inneren Dialog[109]. Da im Dialog aber von zwei Parteien ausgegangen werden muss, befindet sich der denkende Mensch bereits in einer gemeinschaftlichen Form eines Miteinanders und ist somit schon in einer Pluralität. Dies verweist aber wiederum darauf, dass der Mensch bereits im Denken zur Handlung fähig ist. Insofern ist Denken Handeln.

Um das Denken – oder das Gedachte – in der Welt zu bewahren, damit es überdauert, muss der Denkende mit dem Denken aufhören[110]. Wie bereits an früherer Stelle erwähnt, ist denken für Hannah Arendt wie ein Gedankenstrom zu verstehen, der kontinuierlich fließt. Um das Denken zu bewahren, muss dieser Gedankenfluss willentlich unterbrochen werden, und der Denkende muss sich an das Gedachte erinnern. Mit dem Sich-Erinnern an Gedachtes beginnt aber der Prozess der Herstellung, denn das Gedachte soll in einer bestimmten Form festgehalten werden, damit es andauert und im besten Falle überdauert. Die Herstellung – oder Wieder-Herstellung – von Gedachtem ist auch ein „Prozess der Verdinglichung“[111] und insofern ist die Herstellung von Denken immer auch an Materielles gebunden. Das Gedachte wird somit zu einem „Weltding“[112] – im häufigsten Fall zu Geschriebenem. Der Denkende, der sein Denken produziert, ist insofern ein Hersteller, denn das tatsächliche Produkt beruht auf seiner Hände Arbeit.

Für Hannah Arendt sind Kunstwerke, die auch in den Bereich des Herstellens fallen, „die beständigsten und darum die weltlichsten aller Dinge“[113]. Die Kunstwerke unterscheiden sich trotz ihrer Dinghaftigkeit von allen anderen Dingen, da sie nicht, wie z.B. ein Tisch oder ein Stuhl, benutzt werden und somit auch nicht abgenutzt werden können. Sie sind beständig und können mehrere hundert Jahre – im Falle der Höhlenzeichnungen von Lascaux z.B. gar mehrere tausend Jahre – überdauern. Insofern sind sie die Bestätigung für die weltliche Dauerhaftigkeit der Dinge.

Zudem zeugen alle vom Menschen hergestellten Dinge von bestimmten Fähigkeiten, die dem Menschen zueigen sind[114]. So entstehen Gebrauchsgegenstände dank der menschlichen Geschicklichkeit, diese werden aufgrund der menschlichen Neigung zu Tausch und Handel z.T. zu Tauschgegenständen – Waren. Das Kunstwerk zeugt dann für Hannah Arendt von der Fähigkeit zu denken und zu sinnen, wobei sie unter ‚sinnen' eine andere Form des Denkens versteht, wahrscheinlich eine Art Nachdenklichkeit, die auf bestimmte Gegenstände oder Umstände bezogen ist und auch etwas Schwelgendes beinhaltet, aber auch von der Fähigkeit zu fühlen.

Denken reflektiert nicht nur einen Gegenstand oder beschäftigt sich in einem Gedankenstrom mit dem, was der Mensch unmittelbar wahrnimmt oder erlebt hat. Es bezieht sich u.a. auch auf Gefühle, die es wahrnimmt und verarbeitet und denen es dann in reflektierter Form Ausdruck verleihen kann. Als „Gedankendinge"[115] sind Kunstwerke zwar von anderen Dingen unterschieden, denn ihr Entstehungsprozess bezieht sich immer auf das vorher Gedachte. Jedoch sind sie wie alle Dinge dem Herstellungsprozess unterworfen und somit sind sie auch Hergestelltes.

Hannah Arendt macht auch einen Unterschied zwischen Denken und Erkennen. Denken ist demnach eine Tätigkeit „so endlos wie das Leben"[116]. Jeder Mensch denkt, egal ob er es beruflich oder privat tut, ob er gebildet oder ungebildet ist. Und dieses Denken beginnt nicht aus heiterem Himmel, noch hört es plötzlich auf. Es begleitet den Menschen sein Leben lang, in jeder Situation und hat weder Anfang noch Ende – abgesehen davon, dass das individuelle Denken mit der Geburt des Einzelnen in Erscheinung tritt und mit dem Tod wieder aus der Existenz verschwindet[117]. Das Denken ist auch nicht zielgerichtet oder verfolgt einen bestimmten Zweck. Denken allein ist schon Zweck und Ziel genug. Am deutlichsten manifestiert sich das Denken in den Philosophien. Das Erkennen hingegen ist für Hannah Arendt eindeutig zweckgebunden und zielgerichtet. Etwas Erkennen(-Wollen) bedeutet Dinge zu hinterfragen, sich einen Gegenstand genauer zu betrachten, einen Prozess des zielgerichteten Denkens in Gang zu setzen, der beendet ist, wenn das Ziel erreicht wurde. Erkennen manifestiert sich nicht in Philosophie, sondern es ist die Methode der Wissenschaft, denn durch das Erkennen wird Wissen erworben.

Denken ist also eine lebendige Erfahrung, während Erkennen auf einen Gegenstand gerichtet ist[118]. Ein Drittes noch unterscheidet Hannah Arendt von den beiden Formen der Denktätigkeit, das sie hiervon strikt trennt, nämlich die „logische Verstandestätigkeit"[119]. Das Deduzieren, Subsumieren und Schlussfolgern sind für Hannah Arendt Tätigkeiten, die dem Gehirn quasi einen Kraft-Akt abverlangen. Hannah Arendt vergleicht diesen Gehirn-Akt mit der körperlichen Arbeitskraft[120] und deshalb wird auch für sie deutlich, dass Intelligenz, logische Intelligenz, ebenso messbar ist wie körperliche Kraft messbar ist – und zwar geschieht dies in Form von Intelligenztests. Allerdings ist die logische Verstandestätigkeit in Hannah Arendts Sicht ein Zwang, der auf das natürliche Denken ausgeübt wird und insofern auch hier wieder dem Zwang der Arbeit vergleichbar ist. Und auch die Intelligenz, ähnlich wie die körperliche Arbeit, hat in der modernen Gesellschaft Maschinen zu ihrer Verfügung, die sie ersetzen, verstärken und verbessern, nämlich die Computer, die „Intelligenz-Maschinen"[121].

Recht ironisch charakterisiert Hannah Arendt den modernen Intellektuellen. In einer Welt, in der allein das Arbeiten zählt und den Vorrang vor allen anderen Tätigkeiten hat, scheint auch der Intellektuelle – und Arendt nennt ihn sogar den sogenannten Intellektuellen[122] – vom Wunsch besessen, der arbeitenden Bevölkerung zugezählt zu werden. Ausgerechnet die modernen Intellektuellen werden zu Arbeitern – nicht mehr zu Herstellern – , und Hannah Arendt vermerkt bissig, dass die intellektuelle Arbeit in der modernen Gesellschaft nur mehr „der Aufrechterhaltung der zahllosen bürokratischen Riesenapparaturen"[123] dient. Der Intellektuelle hat das Wesen der geistigen Arbeit verkannt, ja er verweigert sich dieser sogar. Vielmehr wird er ein Hilfsmittel der Bürokratie und stellt seine Arbeit einer Herrschaft zur Verfügung, welche die letzte Bastion des wirklichen Intellektuellen, nämlich das selbständige Denken, unterdrückt und unterbindet. Die Produkte der sogenannten Intellektuellen sind Dienstleistungen, die meist punktuell gebraucht und verwendet werden, „konsumiert"[124], und infolgedessen auch kein weiteres Dauern und Überleben mehr zulassen.

Wenn nun schon die Intellektuellen versagen, indem sie auf ihre Rolle als Freidenker und Erhalter von Werten verzichten, weil sie der Masse angehören wollen, wie sieht es dann mit den Philosophen aus, deren Aufgabe ja das selbständige Denken ist?

Zunächst einmal sieht Hannah Arendt in der Philosophie – zumindest in der akademischen – ein „Spiel der Denkoperationen"[125]. Das ursprüngliche Ziel der Philosophie, nämlich die Suche nach Wahrheit, scheint hier nicht mehr relevant, ebensowenig wie das, was Hannah Arendt „das Ende und Ziel alles Philosophierens" nennt, nämlich den „Zustand der Sprachlosigkeit, einer Anschauung, die sich in Worten nicht mitteilen lässt [...]"[126] – im eigentlichen Sinne die Kontemplation. Vielmehr geht es um die Bildung von philosophischen Schulen[127] und somit eigentlich um subjektives Rechthaben des Begründers einer Schule. Dabei wechseln sich verschiedene Denkrichtungen ab – wie z.B. der Materialismus den Idealismus quasi ersetzt, etc. Für Hannah Arendt sind dies lediglich „Umkehrungen"[128] des Denkens und der Methode, was eher an Trotzreaktionen erinnert. Ein solches

Philosophieren hat mehr mit Meinungsbildung als mit tatsächlicher Wahrheitssuche und Wahrheitsfindung zu tun.

Auch der Philosoph der Neuzeit interessiert sich nicht mehr für die Welt, sondern lediglich für sein eigenes Innenleben[129]. Descartes wird hier als derjenige gesehen, der den Umschwung für die Neuzeit brachte. Indem er alles anzweifelte, bezweifelte er auch die Existenz der Welt, die ihn umgab. Die unbezweifelbare Formel „cogito ergo sum" – die im Allgemeinen mit „ich denke, also bin ich" übersetzt wird, obwohl hier wohl richtiger wäre: „weil ich denke, weiß ich, dass ich bin" – wird von Hannah Arendt dahingehend verstanden, dass hier allein der Mensch und die Art und Weise, wie er erkennt, im Zentrum des Interesses steht. Dies bedeutet, dass es ihm wichtiger wird, Erkenntnistheorie zu betreiben, als zu erforschen, warum Erkenntnis möglich ist oder was er überhaupt erkennt. Die Welt – das Physische – und die Metaphysik – das, was die Welt zusammenhält – spielen für den modernen Philosophen keine Rolle mehr. Er „experimentiert"[130].

Viel schlimmer noch ist, dass die Philosophie der Neuzeit sich an den anderen Wissenschaften orientiert, ihnen quasi nachhinkt. Statt die Grundlage zu bilden, auf der alle positiven Wissenschaften aufbauen, wird die Philosophie zur Theorie der Wissenschaften, die sie im nachhinein erklärt und mit Prinzipien untermauert. Dies interessiert die Wissenschaften jedoch nicht. Der Philosoph hat nur noch die Aufgabe, „Wissenschaftstheoretiker"[131] zu sein, also andere Wissenschaften zu erklären, oder er wird zum Sprachrohr des Zeitgeistes[132], wie z.B. in der Existenzphilosophie, wo der Philosoph erklärt, was die Menschen dieser Zeit bewegt. Das Philosophieren im ursprünglichen Sinne, nämlich die Frage danach, was die Wahrheit ist, ebenso wie die Suche danach, wird laut Hannah Arendt in der Neuzeit vollständig aufgegeben.

2.5 Der Stellenwert des Handelns und des Politischen in der modernen Gesellschaft

Macht ist für Hannah Arendt das, was im zwischenmenschlichen Bereich entsteht. Sie ist eigentlich ein Potential, das nur dann entsteht, wenn Menschen gemeinsam handeln. Andererseits muss sie auch realisiert werden, nämlich gemeinsam von den handelnden Menschen, die für Hannah Arendt den „politischen Körper"[133] bilden. Und nur sie hält auch diese Handelnden zusammen, durch die sie entsteht. Insofern ist Macht nichts, was einem einzelnen Menschen angehört, sondern sie ist lediglich als Gruppenerfahrung existent.

Hannah Arendt unterscheidet hier Macht von Stärke – letztere ist jedem einzelnen Menschen zueigen und wird als körperliche oder geistige Stärke verstanden. Macht bedeutet also keine Stärke einer handelnden Gruppe, sondern sie ist als Potential zur Ausführung gemeinsamer Handlungen zu verstehen. Insofern ist der Begriff der Macht bei Hannah Arendt neutral. Macht hat auch nichts mit Gewalt zu tun, obwohl diese daraus resultieren kann, wenn Macht falsch verstanden wird. Gewalt ist für Hannah Arendt ein Zeichen dafür, dass nichts Gemeinsames geschieht, d.h. dass gerade nicht gemeinsam gehandelt und miteinander gesprochen wird. Insofern sind Macht und Gewalt bei Hannah Arendt Begriffe, die einander eigentlich ausschließen.

Dennoch sieht Hannah Arendt, dass Macht korrumpiert[134]. Aber nur dann, wenn es einen gemeinschaftlichen Willen zur Macht – so wie ihn u.a. Friedrich Nietzsche auslegt – gibt. Dieser kann aber nur dann überhaupt gefordert und durchgesetzt werden wollen, wenn der Begriff Macht falsch verstanden und ausgelegt wird, nämlich wenn ihm eine rein negative Konnotation im Sinne von ‚Herrschaft über' verliehen wird. Die Formulierung ‚Wille zur Macht' ist für Hannah Arendt rein negativ. Hier wird keinesfalls Stärke demonstriert, sondern vielmehr auf Schwäche verwiesen[135]. Diese Schwäche zeigt sich in der Tyrannei, in Gesellschaften, in denen neidische und gierige Menschen herrschen oder in Formen der Kliquenherrschaft und –wirtschaft. In dieser Art von Gesellschaftsformen kommt es schließlich dazu, dass die negativ verstandene Macht und deren Anwendung korrumpiert. Allerdings wird nicht der eigentlich politische Bereich korrumpiert, sondern lediglich das Kultur- und Geistesleben[136]. Der politische Bereich ist nach wie vor die gemeinsam handelnde Gemeinschaft, die nicht korrumpiert werden kann, da sie diese Macht quasi am Leben hält. Jedoch kann diese gemeinschaftliche Macht dazu führen, falsche Werte aufzubauen, die sich an die vorherrschende Gewaltstruktur anpassen. So geht mit jeder Form der Gewaltherrschaft auch eine diese Gewaltherrschaft stützende Ideologie einher, die zur Manipulation anderer dient und der sich häufig gerade die Intellektuellen anschließen.

Grundsätzlich falsch und missverständlich ist die Vorstellung, dass Politik immer mit Herrschaft zu tun hat – und wenn wir uns an Hannah Arendts Definition von Politik, nämlich gemeinschaftliches Handeln und miteinander Reden, erinnern, so ist eindeutig, dass Politik nichts mit Herrschaft zu tun hat. Jedoch hat sich diese Vorstellung zu allen Zeiten durchgesetzt[137], sie ist letztlich zur Tradition geworden, sodass man im Allgemeinen an eine Art der Herrschaft denkt, sobald man den Begriff Politik hört. Herrschaft bedeutet jedoch immer, dass Menschen in über- und untergeordneten Verhältnissen miteinander umgehen. Dies ist genau das Gegenteil von dem, was für Hannah Arendt das Politische ist, nämlich das gemeinsame Handeln und miteinander Sprechen von Gleichberechtigten und -gesinnten. Dass diese zwei gegensätzlichen Begriffe, die sich in ihrer ursprünglichen Bedeutung sogar gegenseitig ausschließen, trotzdem miteinander verbunden werden, beruht für Hannah Arendt in einem Misstrauen des Menschen gegen das Handeln – also gegen das Gemeinsame. Dies kann nur bedeuten, dass der Mensch in letzter Konsequenz grundsätzlich misstrauisch ist, vor allem dem anderen Menschen gegenüber. Diese Grundeinstellung führt sogar soweit, dass Handeln überflüssig gemacht werden soll[138]. Handeln soll durch Herrschaft ersetzt werden, da es leichter zu sein scheint, wenn menschliche Angelegenheiten von einem oder einer Gruppe geregelt werden, als wenn sie von allen gleichberechtigt besprochen werden.

Wo aber bleibt in der modernen Gesellschaft das Handeln und wo das Politische? Für Hannah Arendt ist es augenfällig, dass „die Gesellschaft in allen ihren Entwicklungsstadien das Handeln genau so ausschließt wie früher der Bezirk des Haushaltens und der Familie"[139]. Das Familienkollektiv Gesellschaft verhält sich, es handelt nicht mehr. Das Handeln aber hat überlebt, nur ist es jetzt im privaten Raum angesiedelt, d.h. in der Sphäre der Intimität. Das Private erhält aber den Sinn von privativ. Dies bedeutet für Hannah Arendt die Abwesenheit von anderen.[140] Das Handeln ist nach wie vor einer kleinen Gruppe vorbehalten, nämlich dem Einzelnen. Jeder handelt für sich allein und dies ohne jegliche Beziehung zu und mit anderen Menschen.[141] Nur noch in der Intimität erfolgt Handeln und Sprechen.

Insofern als das Handeln nicht mehr im öffentlichen Raum zusammen mit anderen stattfindet, kann auch das Politische in dem ursprünglichen Sinn, den Hannah Arendt ihm gibt, nicht mehr stattfinden. Das gemeinsame Handeln und Miteinander-Sprechen hat in der modernen Gesellschaft keinen Raum mehr. In der Neuzeit hat das Politische eine andere Bedeutung erfahren. Mit dem Familienkollektiv ist auch die ihm eigene Gewalt, das für Hannah Arendt eigentlich Prä-Politische, in die Öffentlichkeit getreten. Diese äußert sich in der Form des Regierens und des Gesetz-Gebens. Anstatt des Miteinanders herrscht nun etwas vor, in dem sich diese Gewalt ausdrückt und das jetzt trotzdem Politik genannt wird. Das Politische der modernen Gesellschaft hat sich somit eigentlich zurück entwickelt und so leben wir heute, laut Hannah Arendt, in einem Zustand des Prä-Politischen.

2.6 Arendts Appell

Die Ausführungen Hannah Arendts zeigen uns ein recht negatives Bild der modernen Gesellschaft, die immer mehr zu einer Anpasser-Gesellschaft verkommt und für Einzigartigkeit und ein Sich-Auszeichnen unter Gleichberechtigten keinen Platz mehr hat. Diese Analyse aus den 1950er Jahren stimmt leider auch heute noch, und die Vergesellschaftung des öffentlichen Raumes hat inzwischen noch verheerendere Ausmaße angenommen: Man denke nur an die Flut von Talkshows, in denen schamlos Persönlichstes und Privates vor laufender Kamera preisgegeben wird. Eine solche Entwicklung sieht Hannah Arendt schon voraus, wenn sie betont

> „[...], dass es so lange keinen im eigentlichen Sinne öffentlichen Bereich, sondern nur öffentlich zur Schau gestelltes Privates geben kann, als das Animal laborans die Öffentlichkeit beherrscht und ihr seine Maßstäbe vorschreibt."[142]

Eine Kultur, in der bestimmte gemeinschaftsfördernde Werte erhalten und weitergegeben werden, ist hier nicht mehr möglich. Dies benennt Hannah Arendt ganz deutlich, wenn sie feststellt:

> „[...] was wir bisher an Resultaten aufzuweisen haben, ist, was man euphemistisch Massenkultur nennt und was in Wahrheit ein Gesellschaftszustand ist, in dem die Kultur zum Zwecke der Unterhaltung der Massen, denen man die leere Zeit vertreiben muss, benutzt, missbraucht und aufgebraucht wird."[143]

Was hier die ‚leere Zeit' genannt wird, ist die Freizeit; die Zeit, in der nicht gearbeitet wird. Diese wird mit Spielen, dem Gegenteil von Arbeit, gefüllt, was aber dann doch kein Spielen ist, sondern nur ein Konsumieren. In heutiger Zeit nennen wir es weder Spielen, noch Konsumieren, sondern Spaß, und so ist die moderne Gesellschaft der Jahrtausendwende zur Spaßgesellschaft geworden. Im Gegensatz zu dem, was sich der Mensch der modernen Spaßgesellschaft erhofft, bedeutet dies aber nicht das Glück für alle, sondern „allgemeines Unbehagen"[144] – wie es auch schon von Sigmund Freud in seinem Essay *Das Unbehagen in der Kultur* festgestellt wurde – ein Unbehagen, dass hier etwas Tieferes sein müsste, das aber verloren gegangen ist.

Hannah Arendts Werk *Vita activa* soll jedoch nicht bloß als Bild einer Apokalypse verstanden werden. Vielmehr richtet sie auf diese provokative Weise[145] eine ethische Forderung an ihre Leser. Indem sie das Handeln als das Wesen des Seins und somit das eigentliche Wesen des Menschen begreift und darstellt und dieses sogar mit dem Politischen gleichsetzt, fordert sie, dass jeder Mensch sich bewusst macht, dass er eben ein Handelnder ist und somit auch immer politisch.[146]

Hierin liegt dann auch die Verantwortung des Menschen: Er soll sich seiner Einzigartigkeit bewusst werden und diese auch anderen gegenüber zum Ausdruck bringen. Nur durch ein Miteinander-Sprechen und ein gemeinsames Handeln kann das Politische wieder im öffentlichen Raum stattfinden. Gerade hier liegt die Aufgabe eines jeden Menschen: Er muss diesbezüglich seine eigene Verantwortung erkennen und diese übernehmen. Nur so kann jeder Einzelne wieder einzigartig werden und sich mit anderen Einzigartigen messen.

---

1 Vgl. Arendt, Hannah: *Vita activa oder Vom tätigen Leben*, Piper, München, 2003, S. 14.
2 Vgl. Arendt. *Vita*, S.16.
3 Arendt. *Vita*, S. 115.
4 Arendt. *Vita*, S. 130.
5 Vgl. Arendt. *Vita*, S. 161.
6 Arendt. *Vita*, S. 161.
7 Vgl. Arendt. *Vita*, S. 165.
8 Vgl. Arendt. *Vita*, S. 165.
9 Vgl. Arendt. *Vita*, S.165.
10 Arendt. *Vita*, S. 16.
11 Arendt. *Vita*, S. 17.
12 Vgl. Arendt. *Vita*, S. 17.
13 Prinz. *Philosophin*, S. 223. Dieser spricht deshalb sogar von einer „Philosophie der Geburt und des Handelns".
14 Vgl. Arendt. *Vita*, S. 215.
15 Vgl. Arendt. *Vita*, S. 215. Vgl. hierzu auch: Sözer, Önay: "Das Problem des 'Zwischen' bei Hannah Arendt und Martin Heidegger". In: Andreas Großmann und Christoph Jamme (Hrsg.): *Metaphysik der Praktischen Welt. Perspektiven im Anschluss an Hegel und Heidegger*, Rodopi, Amsterdam, 2000, S. 130-142. "Der Mensch, der handelt und in dieser Weise eine zweite Geburt erleben kann, ist nicht ein intersubjektives "Ich" (das den Anderen gegenüber steht), sondern der Einzelne, der, sein Geborensein bestätigend, seine Verantwortlichkeit eben bis dahin erweitert." (S. 131).
16 Vgl. Arendt. *Vita*, S. 217.
17 Arendt. *Vita*, S. 217.
18 Vgl. Arendt. *Vita*, S. 317.
19 Arendt. *Vita*, S. 217.
20 Vgl. hierzu Sözer. *Problem*, S. 137: "[...] dass die Geburt nicht in einer vergangenen Form, sondern nur in dem Augenblick für uns existiert, in dem wir etwas damit tun, d.h. handeln und anfangen. All dies bedeutet, dass unsere Geburt uns unser Leben lang begleitet und reaktiviert werden kann oder muss, wenn wir uns in die Welt einschalten wollen [...]."

21 Arendt. *Vita*, S. 17.

22 Vgl. Arendt. *Vita*, S. 213.

23 Vgl. hierzu auch Faes, Hubert: *En découvrant l'humaine socialité avec Heidegger, H. Arendt et J.-L. Nancy*. In : Revue des Sciences philosophiques et théologiques. Bd. 83. Paris 1999. S. 707-736. Darin auf S. 719: „Exister, pour les hommes, ce n'est pas être soi à distance des autres, c'est paraître et se manifester au milieu des autres » (Für die Menschen heißt existieren nicht, von den Anderen distanziert man selbst zu sein, sondern inmitten der Anderen zu erscheinen und sich darzustellen.)

24 Vgl. Arendt. *Vita*, S. 213.

25 Vgl. Arendt. *Vita*, S. 232.

26 Arendt. *Vita*, S. 113.

27 Vgl. Arendt. *Vita*, S. 113.

28 Vgl. Arendt. *Vita*, S. 114.

29 Arendt. *Vita*, S. 236.

30 Vgl. Arendt. *Vita*, S. 69, 226.

31 Arendt. *Vita*, S. 226.

32 Vgl. Arendt. *Vita*, S. 226.

33 Vgl. Arendt. *Vita*, S. 296.

34 Arendt. *Vita*, S. 296. Hannah Arendt weist auch darauf hin, dass die Zerstörung sich nicht nur darauf bezieht, sondern auch auf die Zerstörung der Erde durch den Menschen, und wenn wir heute die Ausmaße der Zerstörung der Umwelt in Betracht ziehen, so erweist sich Hannah Arendts Schrift aus den 1950er Jahren bereits als ein Warnruf.

35 Arendt. *Vita*, S. 297.

36 Arendt. *Vita*, S. 301.

37 Vgl. Arendt. *Vita*, S. 302.

38 Vgl. Arendt. *Vita*, S. 306.

39 Vgl. Arendt. *Vita*, S. 307.

40 Obwohl Hannah Arendt dies innerhalb der *Vita activa* nicht so deutlich ausdrückt, ist genau das präsent, was sie meint. Auf den Punkt bringt sie es in ihren Aufzeichnungen in Arendt, Hannah: *Denktagebuch. 1950-1973. 1. Bd.* Ursula Ludz und Ingeborg Nordmann (Hrsg.), Piper, München, 2002. S. 312: „ Sie [Verzeihen, Erbarmen, Versöhnung] setzen innerhalb eines bereits begonnenen Handlungsvollzugs einen neuen Anfang."

41 Vgl. Arendt. *Vita*, S. 304.

42 Hierin unterscheidet sich Hannah Arendt von ihrem Lehrer Karl Jaspers. Auch dieser misst in seinem Werk *Die großen Philosophen* von 1957 der Figur Jesu einen großen Stellenwert bei. Er sieht wohl auch, dass eine der großen Neuerungen Jesu das Vergeben der Sünden ist (Vgl. Karl Jaspers: *Die großen Philosophen*, Piper, München, 1988, S. 193), jedoch wird dies quasi nur am Rande erwähnt und nicht näher erläutert. Vielmehr ist Jesus für Jaspers genau das Gegenteil von dem, was Hannah Arendt in ihm sieht, nämlich der Verkünder des Weltendes. Nicht der Neuanfang wird von Jesus gesetzt,

sondern hier erscheint die Forderung, sich für das Ende bereit zu machen.

43 Arendt. *Vita*, S. 307.
44 Arendt. *Vita*, S. 311.
45 Vgl. Arendt. *Vita*, S. 116. Hier definiert Hannah Arendt Leben wie folgt: „[...] durch Anfang und Ende begrenzt, es vollzieht sich zwischen zwei Grundereignissen."
46 Vgl. Sözer. *Problem*, S. 137: "Dieser Übergang vom Individuum zur Geschichte geschieht bei Arendt über die prinzipielle Erzählbarkeit des Handelns bzw. einer Lebensgeschichte: die Biographie."
47 Arendt. *Vita*, S. 227.
48 Arendt. *Vita*, S.231.
49 Arendt. *Verstehen,* S. 46.
50 Gaus, S.47.
51 Arendt. *Vita*, S. 18.
52 Vgl. Arendt. *Vita*, S. 48/49.
53 Arendt. *Vita*, S. 23.
54 Arendt. *Vita*, S. 23.
55 Arendt. *Vita*, S. 23.
56 Vgl. Arendt. *Vita*, S. 36.
57 Arendt. *Vita*, S. 36.
58 Vgl. Arendt. *Vita*, S. 35 f.
59 Vgl. Arendt. *Vita*, S. 36.
60 Vgl. hierzu auch: Harms. *Arendt*, S. 332: „Das Handeln in der Pluralität ist die Grundlage der Politik, nicht also eine so oder so schicksalsmäßig vorgegebene politische ‚Ordnung'."
61 Vgl. Arendt. *Vita*, S. 322.
62 Vgl. Arendt. *Vita*, S. 230.
63 Arendt. *Vita*, S. 347.
64 Vgl. Arendt. *Vita*, S. 28 ff.
65 Vgl. Arendt. *Vita*, S. 39 f.
66 Arendt. *Vita*, S. 147.
67 Arendt. *Vita*, S. 150.
68 Arendt. *Vita*, S. 147.
69 Vgl. Arendt. *Vita*, S. 150.
70 Arendt. *Vita*, S. 45.
71 Arendt. *Vita*, S. 150-151.
72 Vgl. Arendt. *Vita*, S. 80 f.
73 Arendt. *Vita*, S. 146.
74 Arendt. *Vita*, S. 147.
75 Arendt. *Vita*, S. 174.
76 Vgl. Arendt. *Vita*, S. 174.
77 Vgl. Arendt. *Vita*, S. 174 f.
78 Arendt. *Vita*, S. 175.
79 Arendt. *Vita*, S. 175.
80 Vgl. Arendt. *Vita*, S. 175.
81 Vgl. Arendt. *Vita*, S. 175.
82 Arendt. *Vita*, S. 176.
83 Vgl. Arendt. *Vita*, S. 177.

84 Vgl. Arendt. *Vita*, S. 175 f.
85 Vgl. Arendt. *Vita*, S. 178
86 Vgl. hierzu auch Arendt. *Vita*, S. 179: „Homo faber, mit anderen Worten, hat seine Werkzeuge und Geräte erfunden, um mit ihnen eine Welt zu errichten, aber nicht, oder doch nicht primär, um den menschlichen Lebensprozess zu Hilfe zu kommen."
87 Arendt. *Vita*, S. 179.
88 Arendt. *Vita*, S. 52.
89 Vgl. hierzu auch Harms. *Arendt*, S. 343: „Gesellschaft ist in Arendts soziologischem Denken eine diffuse Masse, der es an ‚Welt' mangelt und der eine stumme Homogenität innewohnt."
90 Vgl. Arendt. *Vita*, S. 52.
91 Vgl. Arendt. *Vita*, S. 53.
92 Vgl. Arendt. *Vita*, S. 53.
93 Arendt. *Vita*, S. 55.
94 Vgl. Arendt. *Vita*, S. 57.
95 Arendt. *Vita*, S. 325.
96 Arendt. *Vita*, S. 328.
97 Arendt. *Vita*, S. 328.
98 Vgl. Arendt. *Vita*, S. 328.
99 Arent. *Vita*, S. 328-329.
100 Arendt.*Vita*, S. 378.
101 Arendt. *Vita*, S. 378.
102 Arendt. *Vita*, S. 382.
103 Arendt. *Vita*, S. 377-378.
104 Arendt. *Vita*, S. 410.
105 Arendt. *Vita*, S. 140.
106 Vgl. Arendt. *Vita*, S. 107.
107 Arendt. *Vita*, S. 369.
108 Arendt. *Vita*, S. 369.
109 Vgl. Arendt. *Vita*, S. 370.
110 Vgl. Arendt. *Vita*, S. 108.
111 Arendt. *Vita*, S. 108.
112 Arendt. *Vita*, S. 108.
113 Arendt. *Vita*, S. 202.
114 Vgl. Arendt. *Vita*, S. 203.
115 Arendt. *Vita*, S. 204.
116 Arendt. *Vita*, S. 206.
117 Vgl. Arendt. *Vita*, S. 206.
118 Vgl. Arendt. *Vita*, S. 207.
119 Arendt. *Vita*, S. 207.
120 Vgl. Arendt. *Vita*, S. 207.
121 Arendt. *Vita*, S. 208.
122 Vgl. Arendt. *Vita*, S. 109.
123 Arendt. *Vita*, S. 110.
124 Arendt. *Vita*, S. 110.
125 Arendt. *Vita*, S. 372.
126 Arendt. *Vita*, S. 385.

127 Vgl. Arendt. *Vita*, S. 371.
128 Arendt. *Vita*, S. 371.
129 Vgl. Arendt. *Vita*, S. 373.
130 Arendt. *Vita*, S. 373.
131 Arendt. *Vita*, S. 374.
132 Vgl. Arendt. *Vita*, S. 374.
133 Arendt. *Vita*, S. 252.
134 Vgl. Arendt. *Vita*, S. 257.
135 Vgl. Arendt. *Vita*, S. 257.
136 Vgl. Arendt. *Vita*, S. 258.
137 Vgl. Arendt. *Vita*, S. 281.
138 Vgl. Arendt. *Vita*, S. 281.
139 Arendt. *Vita*, S. 51.
140 Vgl. Arendt. *Vita*, S. 73.
141 Vgl. Arendt. *Vita*, S. 73.
142 Arendt. *Vita*, S. 157.
143 Arendt. *Vita*, S. 157.
144 Arendt. *Vita*, S. 158.
145 Vgl. hierzu Prinz. *Philosophin*, S. 205. Dort weist der Autor auf einen Aufsatz Hannah Arendts hin, in dem sie das Provozieren als Strategie befürwortet, „um die wirklich bedeutsamen Konflikte offen zu legen."
146 Vgl. Faes. *H. Arendt*, S. 718. Dort wird hervorgehoben, dass für Arendt die authentische Existenz nicht individuell, sondern politisch bestimmt ist : « La voie d'une existence authentique est donc politique et non individuelle. » sowie S. 735 : « Arendt soutient que seul le politique peut et doit réaliser la véritable socialité contre toutes les formes de vie communautaire. » (Arendt unterstreicht, dass einzig die Politik die wahre Sozialität gegen alle Formen des gemeinschaftlichen Lebens verwirklichen kann und soll.)

3. Arendts Philosophie des Handelns im Kontext

Hannah Arendt ist nicht die erste Denkerin, die sich mit dem Begriff des Handelns beschäftigt hat, noch wird sie die letzte sein. Ihre Beobachtungen finden sich in einer Tradition, die im abendländischen Denken mit Aristoteles begonnen hat und derzeit in der analytischen Philosophie neue Formen annimmt. Im Folgenden werden zwei weitere Philosophen und deren Theorie des Handelns vorgestellt werden. Es handelt sich hierbei um Johann Gottfried Herder und Maurice Blondel. Mit beiden hat sich Hannah Arendt kaum beschäftigt, obwohl Herder als Schüler Kants und Blondel als zeitgenössischer Philosoph doch ihr Interesse hätten wecken können. Ihre Denktagebücher weisen kaum eine Beschäftigung mit diesen Philosophen auf.[1] Dennoch ist auffällig, dass es bei beiden viele Gemeinsamkeiten mit Arendts Denken und Analysen gibt.

3.1 Handeln bei Johann Gottfried Herder

Der Begriff des Handelns hat für Johann Gottfried Herder eine große Bedeutung. Er zieht sich durch sein gesamtes Denken, auch wenn er nicht so explizit formuliert ist wie bei Hannah Arendt. Herder verfasst kein Werk, das sich eigens mit dem Begriff des Handelns oder der Handlung beschäftigt. Auch gibt er keine eigenständige Definition des Begriffes. Dennoch zieht sich dieser Begriff wie ein roter Faden durch sein Denken. Um dies zu verdeutlichen, werden im Folgenden Herders Begriff des Gefühls und seine Geschichtsphilosophie näher erläutert.

3.1.1 Zur Biographie[2]

Johann Gottfried Herder wurde am 25. August 1744 in Mohrungen in Ostpreußen geboren. Die Familie ist arm, aber sehr fromm. Sehr früh wird Herders Intelligenz und Freude am Lernen erkannt und von seinem Lehrer und dem Diakon Sebastian Friedrich Trescho gefördert. Letzerer nimmt ihn in sein Haus auf, wo Herder die reich bestückte Bibliothek benutzen darf. Im Sommer 1762 kommt Herder zum Studium nach Königsberg. Ein Regimentsarzt, der bei Trescho untergekommen war, wurde ebenfalls auf Herders Begabung aufmerksam und wollte ihm das Studium der Medizin finanzieren. Allerdings fällt Herder in Ohnmacht, als er bei einer Operation assistieren soll. Schnell orientiert er sich um und beginnt das Studium der Theologie, das er sich selbst finanziert. Hier trifft er auf Immanuel Kant, dessen Vorlesungen er unentgeltlich besuchen darf. Auch Kant ist von dem jungen Herder begeistert und verspricht ihm eine große Zukunft als Philosoph.

Ab 1764 nimmt Herder verschiedene Stellen als Lehrer und Pastor in Riga und Bückeburg an, die er aber verlässt, da ihn die Enge der Gesellschaft wie auch jene bei Hof bedrücken.

Eine Reise, die er als Privatlehrer unternimmt, findet ihr Ende in Straßburg. Erzürnt über die Faulheit seines damaligen Schülers verlässt er den Stand als Hauslehrer. In Straßburg lernt er Johann Wolfgang von Goethe kennen, den er in seinem Sinne nachhaltig prägt. 1776 verschafft Goethe Herder zunächst eine Anstellung als Pastor und schließlich als Generalsuperintendent in Weimar, wo er bis zu seinem Lebensende bleiben wird. Trotz seiner Stellung leidet Herder jedoch schnell unter den geringen Karrieremöglichkeiten. Er fühlt sich in seinen Fähigkeiten beschränkt und isoliert, verlassen von Goethe, dem die Freundschaft mit Herzog Karl August wichtiger zu sein scheint, als diejenige mit Herder. Später wird Herder auch Goethes Freundschaft mit Schiller ein Dorn im Auge sein, da er sich nicht mit Schiller versteht. Dies wird schließlich zum Bruch mit Goethe führen. Ab 1802 verschlechtert sich Herders Gesundheitszustand rapide. Eine Grippe ist der Beginn seines körperlichen Zusammenbruchs. Nach mehreren Schlaganfällen stirbt er am 18. Dezember 1803. Er wird in seiner Weimarer Kirche Peter und Paul beigesetzt.

3.1.2 Zur Philosophie des Handelns

In seinen Schriften wendet sich Herder immer wieder gegen den Rationalismus. Dies geschieht in Form von polemischen Angriffen gegen das Jahrhundert der Aufklärung oder gezielt gegen einzelne Vertreter, wie zum Beispiel Voltaire oder Immanuel Kant, die er zu Recht oder zu Unrecht als Verteidiger des Rationalismus regelrecht beschimpft. Was er diesen Philosophen vorwirft, ist, dass durch die Betonung der Rationalität die menschliche Vernunft zu stark hervorgehoben wird. Dies bedeutet, dass hier die Abstraktion des Denkens als alleiniger Wert angesehen wird, worüber dann in letzter Konsequenz das Leben selbst vergessen wird. Abstraktion und Denken scheinen Herder bei seinen philosophischen Gegnern das wichtigste zu sein, wobei beides mit dem Leben selbst nichts mehr zu tun hat, sondern vielmehr von diesem getrennt zu sein scheint. Deshalb ist für ihn auch eine Erkenntnis nicht gültig, die allein auf rationalem Denken basiert. Für Herder muss die Erkenntnis auch durch das Gefühl hervorgerufen werden.

Als Vertreter des Empirismus ist für Herder die Erkenntnis nur ausgehend von konkreten Dingen möglich, die ihn umgeben. Der Mensch begreift zunächst diese konkreten Dinge aufgrund seiner Sinnesorgane, abstrahiert diese dann in seinem Denken und kommt allein auf diese Weise zur Erkenntnis. Die Abstraktion von konkreten Dingen und die Reflexion gehören zum Bereich der Rationalität. Herder zählt also den Prozess des Erkennens der konkreten Dinge durch die Sinnesorgane zum Bereich des Gefühls.

Für Herder geschieht das Verstehen der konkreten Erfahrungswelt durch die Wahrnehmung. Zu allererst muss der Mensch sich der ihn umgebenden Natur und Dinge bewusst werden. Dies geschieht vor allem vermittels der Sinne – sehen, hören, riechen, tasten, schmecken. Die Wahrnehmung der konkreten Erfahrungswelt durch diese fünf Sinne lässt im Menschen einen Eindruck entstehen, der sich in der Form eines Gefühls präsentiert. Diese Verbindung zwischen Sinnesorgan und Gefühl wird von Herder nicht näher erläutert, denn für ihn ist klar, dass jeder physische Sinn, also jedes Sinnesorgan, nichts anderes als Gefühl[3] ist. Es handelt sich für ihn also um ein Gefühl, das die Wahrnehmung aller Sinnesorgane zusammenfasst. Das Gefühl ist die Grundlage jedes Sinnes und somit definiert Herder den Menschen vor allem als ein fühlendes Wesen. Dies bedeutet, dass der Mensch sich selbst durch das Gefühl konstituiert und dass die Sinnesorgane ihm dabei helfen, eine Verbindung zwischen sich als einem fühlenden Wesen und der konkreten Erfahrungswelt zu schaffen, da durch sie der unmittelbare Kontakt zwischen Mensch und Außenwelt hergestellt wird. Die Sinnesorgane sind also die konkreten Hilfsmittel des Gefühls und so auch die Darstellung des Gefühls in der konkreten Erfahrungswelt. Die Wahrnehmung jedes Dinges durch ein oder mehrere Sinnesorgane ist ein einziges Gefühl, das als *Urgefühl* bezeichnet werden könnte. Herder jedoch spricht in diesem Zusammenhang von einem „dunklen Gefühl"[4]. Somit hebt er hervor, dass das Gefühl, von dem er spricht, sowohl undefinier- als auch unbeschreibbar ist. Der Mensch ist also nicht fähig, dieses Gefühl genauer zu bestimmen. Dies gilt auch für dessen Wesen oder gar dessen Wirkung. Die menschliche Unfähigkeit, jenes näher zu bestimmen, zeigt, dass es sich hierbei nicht um irgendein Gefühl handelt, wie zum Beispiel eine ganz bestimmte Leidenschaft, die sich auf irrationale Weise gegen ein willkürliches Ding richtet.

Für Herder ist dieses dunkle Gefühl nicht nur die Grundlage des Verstehens, sondern geradezu Ausgangspunkt für die Entwicklung aller anderen Empfindungen im Inneren des Menschen, wie z.B. Trauer oder Freude, sowie physische Empfindungen, wie z.B. Schmerz oder Hitze, die durch Interaktion zwischen dem menschlichen Körper und der konkreten Erfahrungswelt, die diesen umgibt, entstehen. So ist für Herder das dunkle Gefühl der Ursprung des Verstehens und der Empfindung. Was das Verstehen betrifft, ist für Herder offensichtlich: „Kein Erkennen ist ohne Empfindung"[5]. Hier verwendet Herder allerdings einen anderen Begriff, nämlich Empfindung statt Gefühl. Im Allgemeinen verstehen wir unter dem Begriff Gefühl alle psychologischen Emotionen, also *Gefühle*. Der Begriff Empfindung hingegen bezeichnet alles, was durch die Sinnesorgane oder die Nerven wahrgenommen wird, also *Empfindungen.* Diese Unterscheidung existiert bei Herder nicht, er definiert das Gefühl lediglich als ein ‚dunkles'. Auch wenn Herder hier den Begriff Empfindung verwendet – was angesichts der heute gängigen allgemeinen Verwendung korrekt wäre – so ist dieser dennoch in Herders Jugendwerk mit dem dunklen Gefühl gleichzusetzen. Herder unterscheidet hier nicht. Was die Verbindung zwischen der Erkenntnis und dem Gefühl angeht, so affiziert jede Wahrnehmung eines Dinges das Gefühl, das auf eine für den Menschen nicht verständliche Art das erkennt, was durch die konkreten Sinne wahrgenommen wurde[6]. Diese Erkenntnis des konkreten Dinges durch das dunkle Gefühl ist also ein intuitives Verständnis. Darin findet sich laut Herder das erste Urteil hinsichtlich des Wahrheitsgehaltes des wahrgenommenen Dinges. Diese Art des Urteils wird von Herder nicht näher präzisiert, ebenso wenig die Genese dieses Urteils. Es handelt sich hier also nicht nur um ein intuitives Verstehen, sondern auch um ein intuitives Urteilen. Insofern ist das dunkle Gefühl für Herder ein erkennendes Gefühl und aufgrund des intuitiven Verstehens und des intuitiven Urteilens ist das dunkle Gefühl eigentlich rational.

Das dunkle Gefühl führt den Menschen zum intuitiven Verständnis und zum intuitiven Urteil, die gleichsam unmittelbar nach der Sinneswahrnehmung der konkreten Dinge entstehen. Es handelt sich hierbei also um einen Prozess, bei dem die konkrete Erfahrungswelt, die sich außerhalb des Menschen befindet, sich im Menschen, nämlich im Gefühl widerspiegelt. Verständnis und Urteil finden hier ohne den Willen des Menschen statt.

Jedoch unterscheidet Herder noch eine andere Art des Verstehens, das durch das Gefühl geleistet wird. Diese Form des Verstehens bezeichnet er mit dem Begriff der „Einfühlung"[7]. Um sich in einen anderen Menschen einzufühlen, muss man sich an dessen Stelle versetzen; der Mensch muss sich also der Perspektive des anderen bewusst werden. Insofern ist das Gefühl, das der Einfühlung entspricht, reflektiert. Die Einfühlung ist also eine Art und Weise des Verstehens, die der Mensch durch seinen Willen leistet, sie geschieht nicht spontan, intuitiv und ohne die Einwirkung des menschlichen Willens. Vielmehr hat der Mensch die Wahl, sich in den anderen einzufühlen oder dies nicht zu tun. Entscheidet er sich für die Einfühlung, so begreift und versteht er den anderen und somit lernt er[8]. Aber, selbst wenn der Mensch sich in den anderen einfühlen will, sowohl um ihn zu verstehen als auch um von ihm zu lernen, bleibt doch immer die Frage, wie es möglich ist, dass der Mensch sich überhaupt in den anderen einfühlen *kann*. Für Herder ist diese Möglichkeit so offensichtlich, dass er sich kaum mehr die Mühe macht, dies zu erklären. Denn seiner Meinung nach ist jeder Mensch dazu fähig, sich in einen anderen Menschen einzufühlen, da im Grunde jeder Mensch dem anderen gleicht[9]. Dies bedeutet, dass, auch wenn jeder Mensch sich von seinen Mitmenschen unterscheidet und einzelne menschliche Charaktere je nach Erziehung und Umgebung ausgebildet werden, es doch eine gemeinsame Basis gibt, nämlich wesentliche Charakterzüge, die allen Menschen zukommen. Gerade deshalb ist Einfühlung möglich.

Herder bleibt jedoch nicht bei der einfachen Einfühlung stehen, die zum Verstehen des anderen führt – er fordert vielmehr eine historische Einfühlung. Dies bedeutet, dass man sich in eine historische Person oder ein historisches Volk hineinversetzen muss, um auf diese Weise alles in Betracht zu ziehen, was dieser einzelne Mensch oder dieses Volk wissen, erkennen und erleben konnte und dies je nachdem, in welchen Umständen er oder es gelebt hat[10]. In seinem Werk *Die Älteste Urkunde des Menschengeschlechts* von 1778 interessiert sich Herder zum Beispiel für die Lebensumstände und das Wissen der alten Hebräer. Er versucht, sich in dieses Zeitalter hineinzuversetzen und das Buch Genesis zu erklären. In *Briefe, das Studium der Theologie betreffend*, die zwischen 1780 und 1785 erschienen, präzisiert Herder: „Jedes Buch muss in seinem Geiste gelesen werden, und so auch das Buch der Bücher, die Bibel [...]."[11] Bücher in ihrem Geiste zu lesen, bedeutet also, sich die sozialen und die historischen Bedingungen zu vergegenwärtigen, die zu der Zeit vorherrschten, als die Bücher geschrieben wurden. Deshalb würdigt er Friedrich Gottlieb Klopstocks Tragödie *David*, die eine literarische Fassung der Bibel ist, denn: „[...] er hat untersucht, Alles untersucht, das Ganze gefühlt, selbst lebhaft gesehen und – stellt's vor."[12] – Klopstock hat sich in Davids Geschichte eingefühlt, er hat alle Umstände und Bedingungen in Betracht gezogen, um sie in seiner Tragödie lebendig gestalten zu können. Schließlich gibt Herder selbst auch eine Interpretation der *Offenbarung des Johannes*, indem er sich historisch einfühlt[13].

Diese historische Einfühlung ist nicht allein auf die Interpretation der Bibel anwendbar, sondern auch auf Herders Geschichtsphilosophie. Diesbezüglich gibt er einen wichtigen Hinweis zur Interpretation: „[...] gehe in das Zeitalter, in die Himmelsgegend, die ganze Geschichte, fühle dich in alles hinein [...]"[14]. Durch die Einfühlung versteht der Mensch sich selbst und seine Geschichte. Um zu einer besseren Kenntnis des Menschen und der historischen Zufälligkeiten zu gelangen, muss er sich also vollständig in den anderen und in dessen Lebensumstände einfühlen. Somit verlangt Herder also eine vollständige Änderung des eigenen Standpunktes, die dennoch schwer zu realisieren scheint. Zunächst muss man berücksichtigen, dass Herder seine historischen Kenntnisse und diejenigen der jeweiligen Lebensbedingungen der einzelnen Epochen aus Büchern bezieht, die er gelesen hat. Insofern macht er sich davon eigentlich auch nur ein Bild und kann nicht vorgeben, dass er die jeweilige historische Epoche wirklich *kennt*. Außerdem scheint doch die vollständige Einfühlung in den anderen problematisch zu sein, da der Mensch immer auf seinen Standpunkt bezogen ist, der u.a. durch seine Erziehung und seine eigene Situation geprägt und begrenzt ist. Die von Herder eingeforderte Einfühlung kann also niemals vollständig verwirklicht werden und so nur ein Ideal bleiben, das man niemals wirklich erreicht. Die Einfühlung kann sich also lediglich darauf beschränken, vom eigenen begrenzten Standpunkt auszugehen, um von hier aus zu versuchen, ein bestmögliches Verständnis anderer Zeiten zu entwickeln. Auch wenn Herders Forderungen bezüglich der Einfühlung idealisiert scheinen und aus den oben genannten Gründen nur beschränkt umzusetzen sind, besteht dieser Ansatz des Verstehens doch in einer Beobachtung der Umstände, die auf die eine oder andere Weise bekannt sind, um so zu einem Verständnis dessen zu gelangen, wie der andere lebt. Ein solches Verstehen besteht also darin, den Unterschied zum anderen herauszustellen, was von einem Interesse für den anderen zeugt. Insofern führt die Einfühlung den Menschen zur Haltung der Toleranz.

Kritik an der Aufklärung und Ideal des Griechentums

Um Herders Handlungstheorie besser verstehen zu können, wird im Folgenden dargelegt, welchen Stellenwert das Gefühl und die Einfühlung als Mittel der Erkenntnis in Herders Denken haben. Dies wird besonders deutlich anhand Herders Kritik an seinem eigenen Zeitalter, dem Zeitalter der Aufklärung, und Herders Darstellung des antiken Griechentums als Ideal.

Da Herders Schaffen selbst in die Zeit des 18. Jahrhunderts fällt, seine Werke gegen Ende dieses Jahrhunderts entstehen und er die Schriften der wichtigsten deutschen und französischen Philosophen und Schriftsteller des Zeitalters der Aufklärung kannte, wird ihm schon sehr früh das bewusst, was er als Vor- und was als Nachteile dieser philosophischen Strömung ansieht. Deshalb formuliert er in seiner Schrift *Auch eine Philosophie der Geschichte zur Bildung der Menschheit*, die 1774 erscheint, eine polemische Kritik gegen die Schwachpunkte, die er bei den Philosophen dieser Epoche zu bemerken glaubt. Es handelt sich hierbei um eine Pauschalkritik, die sich gegen die Aufklärungsphilosophie richtet und die aus ihr resultierenden Konsequenzen im täglichen Leben aufweist. Im Spiegel seiner Kritik zeichnen sich also das philosophische Denken Herders und die Charakteristika seiner eigenen Überlegungen ab.

In seinem gesamten Werk macht Herder keinen Hehl aus seiner Verachtung, die er der Rationalität und der Stellung, die sie während des Jahrhunderts der Aufklärung einnimmt, oder den aus ihr resultierenden Konsequenzen für das konkrete Leben der Menschen in diesem Jahrhundert entgegenbringt. Seine Vorbehalte äußert er vor allem in spitzfindigen, ironischen und polemischen Bemerkungen oder Abschnitten, die jedoch kaum erläutert werden. So zeigt sich bereits seine negative Einstellung bezüglich der französischen Gesellschaft in seinem *Journal meiner Reise im Jahre 1769*, auch wenn er hier nach Frankreich reist, gerade um dieses Land besser kennen zu lernen und um sich für dessen Kultur zu interessieren. In diesem Text gibt er keine Gründe für seine radikale Meinungsänderung hinsichtlich der Franzosen an und wir können nur vermuten, dass sich hinter diesem Umschwung von anfänglicher Verehrung hin zu harscher Kritik Herders Ankunft in Frankreich, das Bewusstsein, die Sprache nicht zu beherrschen, und seine Enttäuschung, nicht in die intellektuellen Kreise von Paris aufgenommen worden zu sein, verbergen. Er hält die Franzosen im Allgemeinen für oberflächlich. Ebenso wie es in ihrer Kunst und Literatur zu sein scheint, geben sie sich mit der Darstellung des Schönen und der Äußerlichkeit zufrieden, Inhalt und Wesen werden aber weder in ihrer Handlung noch in ihrem Sein widergespiegelt[15]. Herder geht sogar so weit zu behaupten, dass Frankreich „ganz Convention und Blendwerk“[16] sei, um damit zu verdeutlichen, dass sich hier hinter schönen Fassaden bloß ein leeres Sein versteckt; eine Darstellung, die er pauschal auf die französische Kultur und die französische Bevölkerung anwendet, ohne eine genauere Begründung dafür zu liefern.

Diese Kritik im Hinblick auf das Zeitalter der Aufklärung wird erst in *Auch eine Philosophie* näher ausgeführt. Wenn Herder hier von der Aufklärung spricht, so gibt er folgende Definition: „Unser Jahrhundert hat sich den Namen: Philosophie! mit Scheidewasser vor die Stirn gezeichnet [...]“[17]. Für ihn ist also die Philosophie das wesentliche Merkmal seines Jahrhunderts, das somit das Zeitalter der Philosophie wird. Auf den ersten Blick erscheint eine solche Definition eines Jahrhunderts eher als eine optimistische, vor allem wenn derjenige, der sie abgibt, selbst auch Philosoph ist. Das Jahrhundert der Aufklärung wird also vor allen anderen Jahrhunderten ausgezeichnet und es könnte fast scheinen, dass die Philosophie niemals zuvor einen solch hohen

Stellenwert für die Menschen und für deren tägliches Leben eingenommen hätte. Dies wäre tatsächlich eine positive Entwicklung. Jedoch würde eine solche Interpretation von Herders Definition voraussetzen, dass der Philosoph Herder selbst dem Begriff Philosophie gegenüber positiv eingestellt wäre. Dies ist nicht der Fall, denn wenn Herder von Philosophie spricht, findet dieser Begriff keinesfalls eine positive oder neutrale Verwendung, sondern eine ausschließlich negative – zumindest in *Auch eine Philosophie*. Hier subsumiert Herder unter Philosophie theoretisches Denken, ein Denken, das vernünftig und rational ist, und somit die reine Abstraktion darstellt. In dieser Definition des Begriffes fehlt allerdings ein wesentlicher Teil, nämlich das (Nach-)Denken *über* die Dinge des Lebens und die Abstraktion *vom* Konkreten, und dieses Fehlen lässt den Begriff Philosophie für Herder zu einem negativen werden. Das Außerachtlassen der Verbindung von Philosophie und konkreter Lebens- und Erfahrungswelt und den konkreten Dingen führt zwingend zu der Überzeugung, dass Philosophie vollständig vom täglichen Leben getrennt ist. So gesehen wäre die Philosophie eine Wissenschaft für sich, die sich nicht auf die konkrete Erfahrungswelt bezieht und auch nichts zum täglichen Leben des Menschen beizutragen hat. Genau dies aber wirft Herder der Philosophie auch vor, und da er das Jahrhundert der Aufklärung als das philosophische Jahrhundert definiert, kritisiert er gerade das Denken der Aufklärung als eines, das sich weit von jeder Realität des menschlichen Lebens entfernt hat.

Für Herder konzentriert sich die Philosophie der Aufklärung also einzig auf das vernünftige Denken, das zur Abstraktion wird und vom Konkreten losgelöst ist. Er polemisiert gegen diese Exklusivität der Philosophie, die lediglich rationelle Theorien ohne wirkliche Grundlage hervorbringt. Er bezeichnet jene folglich auch als „kalte Philosophie“[18], also als Philosophie ohne Leben, als tote Philosophie. Eine solche Verurteilung der Philosophie ist schon einseitig, denn jede Philosophie, die Philosophie an sich geht immer vom Konkreten aus, um Definitionen zu schaffen und Theorien oder Systeme hervorzubringen. Herder fügt hier nicht einmal eine Überlegung dazu an, wie denn eine Philosophie möglich sein könnte, die ihre Ideen ausgehend vom Nicht-Konkreten entwickelt. Jedoch ist er nicht der einzige, der den französischen Rationalismus kritisiert und mit seinen Ansichten reiht er sich in die Tradition der Empiristen ein, die sich seit Francis Bacon gegen den Rationalismus wenden und deren Argumentation sich gegen das Denken richtet, das die konkrete Erfahrung als Erkenntnisquelle ausschließt.

Herder schreibt diese losgelöste Philosophie, deren Basis angeblich das abstrakte Denken und die Rationalität sein soll, den französischen Philosophen zu, hier vor allem Voltaire, der als *der* rationale Philosoph bekannt ist und der, laut Herder, die Philosophie und das alltägliche Leben in Frankreich und Europa am meisten beeinflusst hat.

Herders Vorstellung von dem, was Philosophie und was ein Philosoph sein sollen, findet ihre Entsprechung in dem, was er für die Philosophie des antiken Griechenlands hält. Dies vergleicht er mit der französischen zeitgenössischen Philosophie und entdeckt zwangsläufig einen großen Gegensatz, der sich vor allem in folgendem Zitat zeigt:

> „Statt, daß in den alten Zeiten der philosophische Geist *nie für sich allein bestand*, von Geschäften ausging und zu Geschäften eilte, also auch nur Zweck hatte, *volle, gesunde, würkende Seelen* zu schaffen, seit er allein stehet und Handwerk geworden ist – ist er Handwerk."[19]

Als philosophischen Geist bezeichnet Herder das Wesen der Philosophie, nämlich das Nachdenken über die konkrete Erfahrungswelt, die konkreten Dinge und die Verbindung zwischen der Welt und den Seienden. Jedoch beschränkt sich der Begriff des philosophischen Geistes nach wie vor auf das Nachdenken. Deshalb schreibt er lediglich der Antike die Existenz eines philosophischen Denkens zu, das seinen Ursprung in der Analyse des Konkreten hat, das sich ebenfalls in der Art und Weise widerspiegelt, wie mit dem Konkreten umgegangen wird und somit die unmittelbare Wirkung des Denkens zeigt. Allein die alten Griechen hätten demnach Philosophie und tägliches Leben miteinander verbunden und in dieser Verbindung eine permanente Beziehung zwischen Theorie und Praxis geschaffen. Deshalb existiert allein bei ihnen ein unmittelbarer Zusammenhang zwischen dem Konkreten, der Theorie, die daraus hervorgeht, und den konkreten Handlungen, die für Herder die angewandte Theorie sind. Das tägliche Leben und der philosophische Geist bilden hier eine notwendige Einheit, die von allen Menschen erfahren und geteilt wird: Philosophie wird hier als Wissenschaft verstanden, die jeden Menschen angeht und die das Leben jedes einzelnen Menschen betrifft.

Nur diese Einheit von Philosophie und Praxis erlaubt jedem Menschen, sich vollständig zu entwickeln, d.h. mit und in der Natur zu leben, die ihn umgibt, rationelle und empfindende Fähigkeiten in gleichem Maße auszubilden und darin sein natürliches Gleichgewicht zu finden. Einzig in diesem Zustand kann der Mensch aktiv und produktiv sein. Dies bedeutet, dass er in und mit der Welt handelt und dass er durch die Anwendung der Theorie selbst auf produktive Weise in die natürliche Entwicklung der Dinge und der Welt eingreifen kann.

Im Gegensatz zur Antike stellt Herder im Jahrhundert der Aufklärung jedoch einen Riss zwischen dem philosophischen Geist und dem Konkreten fest. Diese Trennung bedeutet die Zerstörung der notwendigen Einheit. Dies zieht schwerwiegende Konsequenzen im täglichen Leben nach sich. Zunächst bemerkt Herder, dass die Philosophie nicht mehr ein Teil des täglichen Lebens ist, dass sie zu einer abstrakten Wissenschaft geworden sei. Als solche ist sie nicht mehr für jeden Menschen zugänglich und alle diejenigen, die sich in diesem Prozess nicht mehr von der Philosophie angesprochen fühlen, verlieren das Interesse an ihr. Die Philosophie spielt nur noch an der Universität eine Rolle, und Herders harsche Kritik an der Verteidigung der Dissertation[20] zeigt, dass er diese Art des Philosophierens als eine absurde empfindet. Die Philosophie der Aufklärung ist elitär geworden, da sie zum Privileg einer einzelnen Gruppe wurde, nämlich den Hochschullehrern, die sich gegenseitig applaudieren, weil sie die Abstraktion ihres Denkens verteidigen können und dürfen. Sie selbst wenden sich aber von den Fragen und Problemen des Menschen und des Lebens ab.

Herders Definition von Philosophie hebt die Mängel hervor, die er kritisiert: Das Zeitalter des antiken Griechenlands ist ideal, während er sein eigenes Jahrhundert verurteilt. Nichtsdestoweniger hinterlässt diese einseitige Darstellung der Aufklärungsphilosophie doch eine Vorstellung des Begriffs der Philosophie, so wie ihn der Philosoph Herder selbst herausarbeitet: Philosophie abstrahiert vom Konkreten, um diese Abstraktion wiederum auf das tägliche Leben anwenden zu können und in dieser Bewegung eine Grundlage für Aktivität und Produktivität zu schaffen. Die konkrete Erfahrungswelt ist also für die Philosophie wesentlich. Somit hebt Herder die wirkliche Existenz der konkreten Erfahrungswelt hervor und auch die Notwendigkeit einer wirklichen Existenz des Menschen in jener, die nicht angezweifelt wird. Philosophie ist notwendig für das tägliche Leben eines jeden Menschen und nicht nur für Hochschullehrer, Studenten oder Spezialisten, denn allein die Einheit von Philosophie und Leben schafft das Gleichgewicht zwischen Rationalität und Gefühl, das die Grundlage für Aktivität und Produktivität ist, die allein zu einem Fortschritt führen. Die Rolle des Philosophen ist diejenige des Lehrenden. Er leitet die anderen Menschen durch die Philosophie an, ihr Gleichgewicht in der Einheit von Theorie und Praxis zu finden. Auch der Philosoph muss am täglichen Leben teilhaben, sein Denken daraufhin ausrichten und anwenden.

Der Gedanke, dass Philosophie, verstanden als die Theorie, und das tägliche Leben, verstanden als die Praxis, eine Einheit bilden, ist für Herder wesentlich. Er zieht sich wie ein roter Faden durch sein gesamtes Werk. Die Philosophie – im Sinne Herders – muss demnach die Dualität von wirklicher Existenz, die als Tatsache begriffen wird, und abstraktem Nachdenken über die wirkliche Existenz beinhalten. Insofern ist Herders Denken empiristisch. Die Einheit von Philosophie und täglichem Leben ist wichtig, denn sie schafft ein Gleichgewicht, das allein die Grundlage für einen möglichen Fortschritt bilden kann. Der Begriff Fortschritt bezieht sich bei Herder zugleich auf die Lebensqualität, d.h. auf die Erfindungen, die das tägliche Leben erleichtern, in dem Maße, in dem sie Theorie und Praxis vereinen, und auf die Förderung von Humanität, d.h. von humanem Verhalten. Der Bruch zwischen Philosophie und täglichem Leben, den Herder bei seinen französischen Zeitgenossen festzustellen meint, zieht schwerwiegende Konsequenzen nach sich, dies sowohl im Hinblick auf die Philosophie, als auch für das tägliche Leben.

Für Herder ist es offensichtlich, dass abstrakte philosophische Reflexionen nicht mehr auf das tägliche Leben angewendet werden können und dass sie so weder Einfluss auf noch Konsequenzen für das Leben der Menschen haben. Doch auch wenn die Reflexionen keine konkrete Bedeutung mehr haben, so sind sie nicht umsonst: Diese Reflexionen ziehen andere Reflexionen nach sich, was dann zu einem wachsenden Überfluss an abstrakten Gedanken führt, die immer abstrakter werden[21]. Diese Abstraktion des Denkens schadet im täglichen Leben vor allem dort, wo Studierte sich in Positionen wieder finden, in denen sie Vorbild- und Leitfunktionen für andere Menschen einnehmen sollen, wie z.B. im Amt des Priesters oder Pastors. Diese sollen ihren Gemeinden konkret bei ihren Sorgen und Nöten beiseite stehen, sind dazu aber nicht mehr in der Lage[22]. In gleichem Maße greift Herder auch die Literatur an, die ihrer Gestalt nach zu abstrakt wird und keine Wirkung mehr auf das Leben der Menschen hat. Herder meint sogar, bei seinen Zeitgenossen einen Überdruss hinsichtlich der abstrakten Gedanken, die von der Literatur hervorgebracht werden, zu bemerken[23]. Jene lehnen deshalb jegliche Lektüre ab.

Dieser Überdruss ist umso gefährlicher, als die Menschen sich nicht mehr für die Reflexion ihrer Zeit interessieren und insofern immer unkritischer gegenüber dem vorherrschenden Denken eingestellt sind. Deshalb folgen die Menschen den Philosophen und Hochschullehrern widerspruchslos und werden so zu dem, was Herder eine „philosophisch-regierte Herde"[24] nennt. Die Menschen folgen der zeitgenössischen Philosophie ohne Überlegungen anzustellen, die ihr eigenes

Leben betreffen. Jeder nimmt das Denken der anderen an und wendet dies auf seine eigenen Bedürfnisse an. Da übernommenes Denken sich aber nicht mehr auf individuelle Bedürfnisse beziehen kann, führt dies zu einem Verlust von Individualität. Der Begriff Individualität ist Herder sehr wichtig; er ist einer seiner wesentlichen Begriffe. Individualität steht für eine Einheit von Philosophie und täglichem Leben in einem solchen Maße, dass philosophische Reflexion sich unmittelbar auf die konkrete Erfahrungswelt und auf das Leben der jeweiligen Epoche bezieht.

Der Verlust der Individualität wird vor allem auch dem Bruch mit den Traditionen zugeschrieben. Während im antiken Griechenland Götter verehrt werden, die ein Teil des menschlichen Lebens sind und deren Stimmungen Konsequenzen für das menschliche Leben haben, ist die französische Gesellschaft der Aufklärung vom Anthropozentrismus und dem Glauben an die absolute Macht der menschlichen Vernunft bestimmt. So stellt sich der Mensch ins Zentrum des Interesses und hält seine Vernunft für den Gipfel des Erreichbaren. In dieser Haltung sieht sich der Mensch nicht mehr als einen von einem höchsten Wesen Abhängigen und stellt sich selbständig Regeln auf, nach denen er leben will. Der Pastor Herder befürchtet, der Franzose werde schließlich jedwede Transzendenz und letzten Endes Gott verleugnen. Der Anthropozentrismus zieht schwerwiegende Konsequenzen hinsichtlich der Tugend und der Moral nach sich, die in der aufgeklärten Gesellschaft auf eine neue Weise bestimmt werden. Für Herder sind Tugend und Moral Werte, die auf der Grundlage des Glaubens an ein höchstes Wesen gebildet werden können, das z.B. mittels der Mythologie oder eines Regelkodexes dem Menschen Regeln und Grenzen auferlegt. Der Mensch allein hingegen kann sich selbst keine moralischen Werte oder Tugenden geben.

Die französische, rationale Gesellschaft hat also ihren Sinn für das Gefühl verloren, was bedeutet, dass sie auch keine Leidenschaften oder Aversionen hinsichtlich irgendeines Dinges oder Sachverhaltes mehr ausdrücken kann. Jedoch existiert ohne Leidenschaft oder Aversion auch keine Vorliebe oder Verachtung mehr, was wiederum bedeutet, dass jedes Ding oder jeder Mensch auf dieselbe Weise behandelt wird und somit auch an Wert verliert, da es beliebig geworden ist. Zudem wird alles von den Franzosen mit Leichtigkeit genommen, was auf eine gewisse Oberflächlichkeit der Franzosen hindeutet, weshalb Herder sie mit dem Ausdruck „Affen der Humanität"[25] belegt. Er vergleicht sie mit Tieren, die nicht wissen, was sie tun und die ihre Handlungen willkürlich wiederholen. Bereits im *Journal* hatte Herder diese Oberflächlichkeit angeprangert, als er behauptete, dass

„[...] sie alles empfinden, leicht, ohne Jugement, auf der Oberfläche, ohne Grund und dabei sind sie glücklich [...]"[26]. Diese Oberflächlichkeit führt zu einem Leben, das in Höchstgeschwindigkeit gelebt wird: Verglichen mit den Griechen nehmen sich die Franzosen nicht mehr die Zeit zu reifen. Sie durchlaufen keine langsame und intensive Entwicklung mehr, die eine Art Lehre des Lebens darstellt, also eine Lehre der Kultur und der Sitten, damit sie dadurch zur Blüte ihres Wissens, ihrer Umgangsformen und ihres Charakters gelangen[27]. Im Leben der Franzosen stelle sich die Blüte zu früh ein, was ein Zeichen dafür sei, dass man sich dem Vergnügen hingebe, was vor allem im „leichte[n] Umgang zwischen den Geschlechtern"[28] bemerkbar wird. Herder bemängelt, dass zu seiner Zeit moralische Werte mehr und mehr verfallen, da sich Männer und Frauen nicht mehr dem traditionellen Kodex entsprechend verhalten. Jedoch verweist er nicht auf den Kodex, von dem er spricht, auch gibt er nicht an, was denn eigentlich der angebliche charakterliche Fehler der Verhaltensweise der Franzosen sein soll. Diese Feststellung einer moralischen Dekadenz zeigt aber wiederum den Bruch mit den Traditionen.

Dieser Bruch bedeutet für Herder demnach den Verlust von Individualität. Seine Kritik könnte merkwürdig, gar widersprüchlich erscheinen, vor allem deshalb, weil ein Merkmal von Individualität gerade ist, sich durch Erneuerung – oder durch einen Bruch – von dem zu unterscheiden, was von anderen kommt. Jedoch beinhaltet Herders Begriff der Individualität, dass nicht Neuheit Individualität konstituiert, sondern dass allein die Einheit von Theorie und Praxis, die aus dem täglichen Leben einer Epoche kommt und wieder dort angewendet wird, ein Zeichen von Individualität ist. Der Begriff Individualität beinhaltet also immer diese Einheit, die sich auf aktuelle Umstände bezieht, und wenn der Bruch mit den Traditionen den Verlust dieser Individualität bedeutet, dann wird die Tradition als Teil dieser Umstände verstanden und sie ist somit Teil des täglichen Lebens. Somit wird die Tradition von einem Land oder einer Nation zum nächsten überliefert, was bedeutet, dass das antike Griechenland das Ideal darstellt und folglich auch der Ursprung der europäischen Kultur ist.

Die Individualität jedes Landes oder jeder Nation besteht also aus der Übernahme von Traditionen, die dem Wesen der Menschen entsprechen und deren Anpassung an aktuelle Gegebenheiten – und gerade eben nicht aus einem Bruch mit allem, was aus dieser Tradition hervorgeht. Es muss also um einen angepassten und harmonischen Übergang der Traditionen gehen, die sich von einer Nation oder einem Land auf ein anderes übertragen, indem sie sich selbst weiterentwickeln und somit letztendlich zum Fortschritt gelangen. Deshalb verurteilt Herder den Bruch mit den Traditionen, den er bei seinen Zeitgenossen festzustellen glaubt.

Dieser Bruch mit den Traditionen vollzieht sich in allen Bereichen des menschlichen Lebens. So haben die Franzosen z.B. die Oper als neue Gattung eingeführt, die nun ebenso wichtig wie Tragödie und Komödie geworden ist, die von den alten Griechen eingeführt wurde[29]. Der englische Garten wird vom französischen Garten abgelöst; letzterer ist streng geometrisch ausgerichtet und auch die Pflanzen sind auf höchst unnatürliche Weise beschnitten.[30] Herder zählt noch weitere Neuerungen des 18. Jahrhunderts auf, die mit alten Traditionen brechen und deshalb negativ konnotiert sind. Für ihn zeigt dies, dass die Franzosen ein Maximum an Neuerungen und Erfindungen hervorbringen wollen, um die Perfektion und die Einzigartigkeit ihres Jahrhunderts zu demonstrieren. Zudem wird jede neue Erfindung sofort übergenommen und ohne Überprüfung angewendet, was den einfältigen Charakter der Franzosen in Herders Augen noch mehr hervorhebt. Der Bruch mit den Traditionen und die Konsequenzen dieses Bruches werden von Herder konsequent herausgestellt, wenn er die Veränderung der Kriegskunst beschreibt und die Art Krieg zu führen der alten Griechen mit derjenigen des 18. Jahrhunderts vergleicht. In der Antike ist der Krieger der Held, der gegen einen anderen kämpft, um seine Ehre zu verteidigen, seine Treue und Tapferkeit zu beweisen. Es handelt sich hierbei also um ein Individuum, das seinen Gegner bekämpfen muss, um seine Tugend zu beweisen[31]. Was Herder hier beschreibt ist weniger die kriegerische Auseinandersetzung an sich, als vielmehr die Art und Weise des Kämpfens und des Lebensideals, das durch diese Kämpfe dargestellt wird. Was er hier glorifiziert, ist die Idee eines Heldentums, das den Kampf zum Kunstwerk macht, wie auch die Aktivität der Kämpfenden, die dieses Ideal in der eigenen Handlung verwirklichen und somit Theorie und Praxis miteinander verbinden. Gemäß diesem idealisierten Standpunkt ist der Krieg als Handlung nicht negativ konnotiert, denn er bringt eine Tugend hervor, die aufgrund ihres Handlungscharakters einen positiven Wert innehat. Der Soldat des 18. Jahrhunderts hingegen führt einen Krieg der Kanonen. Er hat keinen konkreten Feind mehr, dem er persönlich gegenüber steht, sondern bekämpft unbekannte Gegner mittels Maschinen. Die Aufgabe des Soldaten besteht darin, die Kanone zu laden und abzufeuern[32]. Der Soldat hat kein Ideal mehr, das er verwirklicht, wenn er mit dem Feind kämpft. Die Einführung von Maschinen auf dem Feld des Krieges lässt den Feind genauso willkürlich erscheinen wie die Kriegshandlung selbst. Herder spürt hier eine Praxis auf, die kein theoretisches Fundament mehr hat – und die dieses anscheinend auch nicht mehr benötigt.

Die Erfindung von Kriegsmaschinen macht den Kampf unpersönlich, denn sofern Maschinen Anwendung finden, ist der Soldat kein Held mehr; er wird zum ersten „Lohndiener des Staates"[33]. So wird die Kriegskunst zum Beruf, der Soldat wird zum Beamten und durch die Kluft, die sich zwischen der Idee des Helden und seiner kriegerischen Handlung auftut, verliert der Soldat seine Individualität. Er selbst, wie auch die gesamte Armee, wird zu einer „gedingte[n], Gedanken-, Kraft-, Willenlose[n] Maschine"[34], die jeden Wert ihrer Arbeit verliert und damit auch jeden Sinn. Die Armee ist zu einer Karrikatur geworden, sie ist nur noch Werkzeug und wird, wie Wilfried Malsch richtig feststellt, „[...] Schreckbild der totalen Mechanisierung und Entmündigung des Menschen in der modernen Gesellschaft."[35] Da die Armee jeden individuellen Aspekt verloren hat, bleibt hier nichts anderes als Resignation.

Allerdings führt die Abstraktion, d.h. die absolute Autonomie des Denkens der Aufklärung, dennoch zu einem Resultat im täglichen Leben und dies ist die Konstruktion von Maschinen. Die Maschine ist jedoch nicht allein ein Objekt, das die Entpersonalisierung und den Verlust der Individualität kennzeichnet. Derjenige, der seinen Feind anlässlich eines Kampfes von Mann gegen Mann bekämpft, bedient sich seiner eigenen Kräfte, um den Gegner zu besiegen. Er wendet hier natürliche Kräfte an, die seiner eigenen Natur entsprechen. Die Kriegswerkzeuge, die durch seine Hand zur Anwendung kommen, helfen ihm lediglich, die eigenen Kräfte besser einzusetzen; es handelt sich hierbei fortwährend noch um die eigenen Kräfte, die gebündelt werden. Diese Tatsache macht den Kampf zu einem natürlichen. Die Verwendung einer Maschine, wie z.B. einer Kanone, bedeutet jedoch, dass jeder Beliebige einen Feind bekämpfen kann. Dank der Maschine kann sogar ein sehr schwacher Mensch einen oder mehrere Menschen oder sogar eine ganze Armee besiegen. Dies kann eine verheerende Verwüstung nach sich ziehen, die nichts mit den körperlichen Fähigkeiten eines Individuums zu tun hat. Es handelt sich darin um eine Abstraktion der natürlichen Kräfte und somit um eine Abstraktion der körperlichen Natur des Menschen. In diesem Sinne betrifft der Bruch nicht allein die Tradition, sondern auch alles, was natürlich ist – die Maschine stellt das Künstliche dar, die das Natürliche ersetzt. Für Herder ist also die Maschine, die Frucht der Abstraktion der Aufklärung, das Symbol dieser Epoche. Die Abstraktion, welche die Maschine hervorbringt, wird als Bedrohung gegen die Natur empfunden und als deren Gegner.

Auch innerhalb der französischen Gesellschaft findet Herder die Maschine wieder. Hier sind nun alle sozialen Klassen und Schichten miteinander vermischt, was mit der Abschaffung der Ständeordnung des Mittelalters gleichzusetzen ist. Seiner Meinung nach sind die Stände zum Ende des Mittelalters hin verschwunden und an ihre Stelle ist die absolutistische Ordnung getreten, d.h. ein absolutistischer Herrscher, der ein Volk regiert, das nicht in Klassen eingeteilt ist[36]. Für Herder bedeutet die Einteilung der Gesellschaft in Klassen oder Stände, dass jeder Stand eine spezifische Erziehung und Ausbildung genießt, der seine Individualität fördert und ausmacht. Das Vermischen der Klassen im Zeitalter der Aufklärung führt zu gleichen Bedingungen für alle, was keinesfalls positiv bewertet wird. So ist z.B. die Tatsache, dass jeder jeden Beruf ausüben und all seine Fähigkeiten ohne Einschränkung ausbilden kann, das Kennzeichen einer Vermischung, die zum Verlust der Individualität führt, indem hier zugleich eine allgemeine Gleichheit, eine „Uniformierung" wie Irmscher herausstellt[37], eingeführt wird, deren Konsequenz die Unterdrückung jeder Individualität ist.

Auch im Bereich der Gesellschaft ist der Verlust von Individualität wieder auf die Trennung von Theorie und Praxis zurückzuführen. Danach repräsentiert die Gesellschaft des Mittelalters für Herder auch eine Idealform, denn jede Gilde und jede Zunft hatte ihre Regeln, welche die theoretische Grundlage ihres Standes sind. Die aufgeklärte Gesellschaft hat diese theoretische Basis verloren, indem sie das Zunft- und das Gildewesen abschaffte und damit die vorherrschenden Regeln und letztendlich die Stände selbst. Wenn eine Gesellschaft ohne Regeln lebt, so wie dies Herder hinsichtlich seines Zeitalters vorgibt, dann kann sie keine individuellen Charakteristika entwickeln. Dies führt zum Verlust ihres Wesens. Die aufgeklärte Gesellschaft wird deshalb immer mehr mit einer Maschine vergleichbar. Dies wird besonders durch Herders Definition dessen, was unter Maschine zu verstehen ist, deutlich:

> „Handgriffe und Erleichterungen unendlich verbreitet – aber alle die Handgriffe gehen in die Hand eines oder Etlicher zusammen, der allein denkt [...] Im ganzen und im kleinsten Teil, der *einzige Gedanke des Meisters*"[38]

Die Maschine ist als eine Rationalisierung von Kräften charakterisiert, was einen Fortschritt bringt: Die Kräfte werden derart rationalisiert, dass nur noch *ein* denkender Mensch vonnöten ist, der die Maschine bedient. Gleichzeitig verlieren alle rationalisierten Kräfte ihren Wert und ihren Sinn. Der Meister ist in der französischen Gesellschaft der absolutistische Herrscher, nämlich Ludwig XIV. und seine Nachfolger.

Von ihnen wird die französische Gesellschaft quasi als Maschine bedient: Der absolutistische Herrscher hat die absolute Gewalt über die Gesellschaft. Indem die sozialen Klassen vermischt wurden, verzichtet der Herrscher auf eine Ordnung, innerhalb derer die Position jedes Einzelnen eindeutig definiert ist; dies könnte dem Einzelnen seine Individualität noch zurückgeben. Stattdessen befindet sich das desorientierte Volk im Zustand der Unterwerfung und Abhängigkeit. Wenn nun der König alle Macht in Händen hält und die Gesellschaft sich diesem König vollständig unterwirft, so erleidet der Staat eine „Entkräftung einzelner Glieder"[39]. Diese Glieder, d.h. die verschiedenen sozialen Klassen und deren Macht innerhalb eines Staates, sind von großer Wichtigkeit, um einer Situation vorzubeugen, in der der König eine ausgezeichnete Monopolstellung einnimmt. Letzteres – so Herder – ist jedoch in der französischen Gesellschaft der Fall, und da zudem die Armee vom König direkt finanziert wird, wurde letztere zur Maschine. Die Monopolstellung des Herrschers und die bezahlte Armee sind ein Zeichen des Despotismus.

Der Despotismus ist eine Regierungsform, in der allein die Interessen des Herrschers Geltung haben, während die Untertanen ausgebeutet und innere oder äußere Feinde bekämpft werden. Aber Herder bemerkt auch, dass sich nun diese Monarchen für Philosophen halten und dass sie als solche abstrakt denkende Menschen sind, die nicht handeln und somit auch nicht ihre Herrscherpflicht erfüllen. Sie übernehmen keinerlei Verantwortung für ihr Volk und konzentrieren sich allein auf ihre Macht. Herder kritisiert hier, dass die philosophische Abstraktion, die sich nicht mit dem täglichen Leben vereint, auch zum Despotismus werden kann, wenn er sagt:

> „Das allgemeine Kleid von Philosophie und Menschenliebe kann Unterdrückung verbergen, Eingriffe in die wahre, persönliche Menschen- und Landes-, Bürger- und Völkerfreiheit [...]"[40]

Das Phänomen des Despotismus ist in Herders Augen umso schlimmer, als es kein spezifisch französisches ist, sondern Frankreich nur als Ursprung dieser Entwicklung diente und fortan dieses Beispiel überall in Europa imitiert wird. Jedes europäische Land übernimmt nicht nur den Absolutismus, sondern auch die französische Sprache und unterwirft sich in dieser Übernahme Frankreich und auch dem ursprünglichen Absolutismus. Die europäische Politik wird zur „große[n] Allgemeinheit"[41] und die in Europa untereinander geführten Kriege sind eigentlich absurd, da sich die Monarchen ohnehin untereinander beeinflussen und gegenseitig ihre Politik übernehmen. Jedoch gibt Herder hier nicht die Gründe an, weshalb die anderen europäischen Staaten dem französischen Beispiel folgen; dies ist umso erstaunlicher, als er innerhalb der anderen Staaten keinen Bruch mit den Traditionen oder einen Verlust von Individualität feststellen kann. Dies aber würde eine neue Identität in der Imitation des französischen Modells notwendig machen. Mit seiner Kritik zielt Herder lediglich auf jene Art des französischen Lebens, das in Europa schnell neue Anhänger findet.

Da für Herder jedes Land durch das Beispiel Frankreichs beeinflusst ist und dieses imitiert, verbreitet sich die französische Kultur in ganz Europa. Diese Ausbreitung ist der Grund für den Verlust von Kultur und letztendlich von Individualität in allen anderen Staaten. Die scharfe Kritik, die von Herder hinsichtlich der Rolle Frankreichs in diesem Prozess formuliert wird, und manchmal übertrieben erscheint, muss also als eine Art Hilfeschrei verstanden werden. Durch die Übertreibungen will Herder auf die Individualität jedes Volkes und dessen Unabhängigkeit hinweisen. Der Einfluss, den die Vorherrschaft eines Volkes ausübt, muss überdacht werden, bevor eine Anwendung oder Anpassung stattfindet. Allein eine autonome Reflexion kann auch zu einem autonomen Urteil führen. Herder versteht also den Sinn der *Aufklärung* in einem Aufmerksammachen auf die Autonomie des Menschen und er warnt vor der Gefahr der Entmündigung durch andere.

3.1.3 Herders Lösung

Herder kritisiert vor allem die Einseitigkeit, die er im Jahrhundert der Aufklärung vorfindet. Diese findet ihren Niederschlag im Primat der Vernunft und dem Bruch mit Traditionen. Diese Entwicklung führt zum Verlust der Individualität. Herders Argumentation erscheint jedoch allzu pauschal und undifferenziert. Ein Beispiel hierfür findet sich in der Vorstellung, die vorgibt, dass im 18. Jahrhundert alle sozialen Schichten vermischt wären und nur noch eine Schicht bildeten, wohingegen doch im Absolutismus tatsächlich die unterschiedlichen Schichten sehr wohl voneinander getrennt waren. Das Bild, das Herder vom 18. Jahrhundert zeichnet, bleibt wegen seiner einseitigen Darstellung im Großen und Ganzen negativ konnotiert. Zudem kritisiert Herder zwar die Verbindung, die zwischen einer allzu rationalistischen Philosophie und der historischen und der sozialen Entwicklung existiert, doch wird dies nicht näher erläutert. Einige Fragen bleiben unbeantwortet, wie z.B. diejenige, ob die soziale Situation und die Phänomene wie etwa die neuartigen Kriegsmaschinen oder der Despotismus wirklich notwendige Folgen der philosophischen Paradigmen sind. Und wenn die Philosophie tatsächlich so abstrakt, so theoretisch und elitär ist, wie Herder dies behauptet, wie kann sie dann das tägliche Leben und die Traditionen überhaupt in einem solchen Maße beeinflussen? Wie ist es dann möglich, dass sie sich über die Grenzen Frankreichs hinaus verbreitet und die Gesellschaften vieler weiterer Länder Europas beeinflussen kann? Sind diese Folgen für die Gesellschaft von den Philosophen der Aufklärung gewollt? Sind sie notwendig? Herders Überlegungen führen nicht einmal zu diesen Fragen.

Dennoch ist für Herder das Jahrhundert der Aufklärung nicht das letzte aller Jahrhunderte und selbst wenn die von ihm festgestellte Entwicklung ihm wie der Verfall all dessen erscheint, was vorher aufgebaut wurde, so ist es nach wie vor offensichtlich für ihn, dass es sich hier nur um einen vorübergehenden Verfall im allgemeinen Weltgeschehen handeln kann. Für Herder bleiben all diejenigen theoretischen Neuerungen negativ, die nicht angewendet werden, die nicht mit dem täglichen Leben vereint werden und ihre Verwirklichung nicht in der konkreten Handlung finden. Deshalb ist es für Herder selbstverständlich, dass auch noch aus einer Epoche des Verfalls eine Erneuerung der Individualität erwachsen kann. Dies kann aber nicht dort geschehen, wo die Phase der Dekadenz eingesetzt hat und im Fortschreiten begriffen ist, sondern es muss sich in einem anderen Teil der Welt vollziehen. Um dies zu verwirklichen braucht es allerdings ein Volk, das in Harmonie mit seiner Natur lebt, d.h. das den Regeln folgt, die seinen Lebensumständen entsprechen, und das voller Aktivität ist. Diese neue gelebte Einheit zwischen Theorie und Praxis findet sich aber nicht mehr bei den zivilisierten Völkern und Nationen, die nur noch von der Abstraktion geleitet sind, sondern allein bei Naturvölkern, die noch aus ihren natürlichen Kräften schöpfen können und deshalb fähig sind, neue Traditionen zu begründen.

Bereits im *Journal* skizziert Herder sein Projekt der Kritik des XVIII. Jahrhunderts sowie dessen Errungenschaften, aber auch die Art und Weise, wie diese Epoche des Niedergangs überwunden werden wird. Das Idealbeispiel für eine solche Erneuerung der natürlichen Kräfte und eine Einheit von Theorie und Praxis stellt für Herder die durch den Hunnensturm eingeleitete Völkerwanderung dar. Im *Journal* sieht Herder voraus, dass sich die Völker des Nordens, die immer noch in ihrem Naturzustand sind, erheben, um den Süden zu erobern, der zu sehr an die Abstraktion gebunden ist. Mit den Völkern des Nordens meint Herder die Slawen und er träumt schon: „Die Ukraine wird ein neues Griechenland werden."[42] In *Auch eine Philosophie* hingegen bezieht sich Herder zwar immer noch auf das Beispiel der Völkerwanderung, jedoch sind die Naturvölker hier nicht mehr die Slawen

oder die Völker des Nordens, sondern die amerikanischen Kolonien[43].

In jedem Fall rührt jede utopische Vision des Lebens, die Herder schematisch darstellt und die den theoretischen mit dem praktischen Aspekt verbindet, von der Utopie, die er bezüglich eines Volkes des Südens entwickelt hat – die des antiken Griechenlands. Deshalb versucht er eine neue Einheit zwischen Denken und Leben zu stiften, um einen idealen Staat zu kreieren, d.i. das neue Griechenland, und dies in Ländern, die er noch als natürlich bezeichnet. Wenn Herder vom neuen Griechenland spricht, so heißt dies keinesfalls, dass er wirklich die Epoche der Antike wieder hergestellt wissen möchte. Dies würde ja auch seinem Begriff von Individualität widersprechen. Es geht ihm vielmehr darum, das Ideal der Einheit von Theorie und Praxis, das er bei den alten Griechen festzustellen vermeint, zu erneuern. Wenn die theoretischen Regeln auf den Lebensumständen fußen, sie sich auf natürliche Weise entwickelt haben, und dann wieder auf das konkrete Leben angewendet werden, ist diese Einheit die Basis der Individualität eines Volkes oder einer Nation, die dann selbst das Ideal einer neuen Tradition wird, die sie begründet.

Sicherlich zeugt Herders Kritik von ebenso viel Einseitigkeit, wie er sie seinen Zeitgenossen vorwirft, aber sie gründet sich auf dem Prinzip der Einheit von Theorie und Praxis, das für sein Denken charakteristisch ist und durch das allein erst Handlung möglich wird.

3.2 Maurice Blondels Handlungstheorie

Während Hannah Arendt und Johann Gottfried Herder ihren Begriff des Handelns anhand einer Zivilisationskritik deutlich machen, geht Maurice Blondel unmittelbar auf den Begriff Handlung[44] ein. Es ist sein Anliegen, das zu erforschen und deutlich herauszustellen, was *die* Handlung im eigentlichen Sinne ist.

3.2.1 Zur Biographie[45]

Maurice Blondel wird am 2. November 1861 in Dijon geboren und wächst dort als jüngstes von vier Kindern einer traditionsbewussten katholischen Familie auf. Ab 1879 studiert Blondel zunächst Jura in Dijon, entscheidet sich 1881 aber für das Studium der Philosophie an der Ecole Normale Supérieure in Paris, einer der Eliteuniversitäten im zentralistischen Frankreich.

Nach seinem Studienabschluss 1886 arbeitet er als Lehrer an verschiedenen Gymnasien in ganz Frankreich. 1887 reicht er an der Sorbonne das Thema seiner Doktorarbeit *L'Action* –

Die Handlung ein, die er am 7. Juni 1893 verteidigt. Der Inhalt seiner Arbeit befremdet seine akademischen Prüfer und führt zu vielen Missverständnissen, da Frankreich als laizistischer Staat eine strikte Trennung zwischen Religion und gesellschaftlichem und auch wissenschaftlichem Leben einhält; Blondels Arbeit strebt jedoch nach Vereinigung, also auch mit philosophischem und theologischem Denken. Die Folge für Blondel ist die Verbannung an eine Schule in einer Kleinstadt, in der er fachfremd unterrichten muss. Außerdem erhält er zwei Jahre lang nicht die Erlaubnis, an einer Universität unterrichten zu dürfen. Erst dank der Fürsprache des Ministers Raymond Poincaré gelingt es Blondel, 1896 einen Lehrauftrag in Lille zu erhalten. Ein Jahr später wird er als Professor nach Aix-en-Provence berufen, wo er 30 Jahre lang unterrichtet. 1927 muss er aufgrund seiner Erblindung vorzeitig in den Ruhestand treten. Maurice Blondel verstirbt am 4. Juni 1949 in Aix-en-Provence.

3.2.2 Zur Philosophie der Handlung

Maurice Blondel selbst hat das Wort „Handlung" als Begriff in die Terminologie der französischen Philosophie eingeführt. Vor der Verteidigung seiner Dissertation 1893 wurde dieser in keinem philosophischen Wörterbuch verzeichnet. In dem Interview, das er 1927 mit Frédéric Lefèvre geführt hat und das 1928 unter dem Titel *L'itinéraire philosophique de Maurice Blondel* in Buchform veröffentlicht wurde, erzählt Blondel in bildreicher Sprache von seinem Leben und gibt Erläuterungen zu seiner Philosophie und seinem Denken. Hier erinnert er sich auch an die unterschiedlichen, dennoch aber eindeutigen Reaktionen anderer hinsichtlich seines Vorhabens. So war sein Studienfreund Gabriel Audiat erschrocken und eher misstrauisch, als er von Blondels Dissertationsprojekt erfuhr[46]. Mit seiner Reaktion steht dieser nicht allein; sowohl der Sekretär im Einschreibungsbüro der Sorbonne, bei dem Blondel den Titel seiner Dissertationsschrift einreichen musste, als auch seine Kommilitonen brachten ihre Verwunderung und Ablehnung deutlich zum Ausdruck. Diese Erinnerung nutzt Blondel aber auch sehr geschickt, um all diejenigen zu entlarven und bloßzustellen, die lediglich Philosophie in gelenkten Bahnen betreiben, die ausschließlich bereits angelegte und ausgetretene Pfade beschreiten und für die eine Öffnung des eigenen Horizontes nicht in Frage kommt.

Blondel selbst verfasste später den ersten Artikel zum Begriff Handlung, den André Lalande in seinen *Dictionnaire philosophique* aufnahm. In dem Interview berichtet Blondel allerdings auch darüber, wie sich die Bedeutung dieses Wortes verändert hat.[47] Für ihn selbst bedeutet Handlung eine Vollendung, in der sich Formales, nämlich das Abstrakte, und

Wirkliches, d.h. das Konkrete, treffen.[48] Die Handlung ist für Blondel also lebendig, denn sie vereint Begriffe und Konkretes, also das Denken und das Existierende miteinander. Im Gegensatz zu dieser Vorstellung hat sich aber mit der Zeit eine andere Bedeutung des Begriffes Handlung entwickelt. Blondel bedauert, dass in der Philosophie die Handlung als Tätigkeit verstanden wird, die der Erkenntnis und der Kontemplation entgegengesetzt ist, sie darin nicht mehr beinhaltet und verbindet, ganz im Gegensatz zu Blondels eigener Sicht. Handlung wird lediglich als „blinder Trieb"[49] verstanden, eine Art Instinkt, der nichts mehr mit dem reflektierten Leben und in letzter Konsequenz mit dem menschlichen Leben selbst zu tun hat. Diese Veränderung der Begriffsbedeutung hängt für Blondel eindeutig mit der zeitgenössischen französischen Philosophie zusammen; er benennt hier zwei Probleme, die zu dieser Haltung führen: Zum einen herrscht hier eine zu große Abstraktion des Denkens und der Erkenntnis vor, zum anderen wird jede theologische Sichtweise ausgeschlossen. Blondel verdeutlicht seine Vorbehalte an mehreren Beispielen. So gibt er zunächst das Beispiel des Wissenschaftlers, der einen menschlichen Körper untersucht und ihn seziert.[50] Die so gewonnene Erkenntnis kann sich nur auf das beschränken, was unmittelbar untersucht wurde. Keinesfalls aber hat dieser Wissenschaftler eine Erkenntnis darüber erworben, was die lebendigen oder geistigen Funktionen sind, wie sie entstehen oder woher sie kommen. Eine solche Erkenntnis kann nur erreicht werden, wenn alles in Betracht gezogen wird, was den Menschen ausmacht, nicht nur sein Körper. Alles andere ist eine Zerstückelung oder eine Reduktion dessen, was ist. Mit diesem Beispiel protestiert Blondel gegen eine einseitige Betrachtung der Welt und der Dinge.

Ein großes Problem der Philosophie seiner Zeit sieht Blondel also darin, dass die Philosophie nicht einheitlich, nicht ganzheitlich ist und darin keinesfalls ihrem eigenen Anspruchs gerecht wird. Die Philosophie ist gespalten in eine Partei, welche die Abstraktion, und in eine zweite Partei, welche die Anschauung hochhält; eine, die einem kanonisierten Empirismus, und eine, die „Schulformeln"[51] anhängt, die unangemessene Begriffe verwenden.[52] Die Philosophie verliert sich in solchen Machtkämpfen zweier Lager, die aber eigentlich eine Einheit bilden. Deshalb fordert Blondel die Vereinigung des Abstrakten mit der „Erkenntnis des gemeinen Menschenverstandes"[53], also mit der empirischen Erkenntnis, die vom Konkreten ausgeht und wieder dorthin zurückkehrt.

Ein zweites Beispiel stammt aus Blondels Leben: Er berichtet nämlich von der Besteigung des Clot de Cavales, eines Gletschers, der zwischen Briançon und Grenoble liegt. Nach

Überschreitung der Passhöhe, so erzählt er, habe er den richtigen Weg nicht mehr gefunden, auf dem man sicher ins Tal hinabsteigt. So gelangte er zu Bergterrassen, von denen aus man zwar das Tal sehen konnte, es aber unmöglich war, direkt dorthin zu gelangen. Nichts anderes blieb übrig, als zurückzukehren, den Weg wieder aufzusteigen und den richtigen Weg zu suchen.[54] Die moderne Philosophie hat sich verirrt, so die Aussage dieses Beispiels. Das Ziel liegt vor Augen, aber der Weg dorthin ist falsch. Mehr noch sogar: Er ist ausweglos, und ein Ankommen wird unmöglich. Rettung aus dieser verfahrenen Situation bietet allein die Umkehr, die Rückbesinnung auf den richtigen Weg der Philosophie. Blondel plädiert hier für den philosophischen Wiederaufstieg[55], der nicht nur als Metapher verstanden werden soll, sondern ganz konkret gemeint ist: Blondel verlangt nämlich den Wiederaufstieg der Philosophie, die sich in der Abstraktion autonom versteht, hin zur Theologie. Darin soll die Verbindung von Theologie und Philosophie gewährleistet und deren höchste Prinzipien – nämlich Gott im Falle der christlichen Theologie, und das höchste Wesen, im Falle der Philosophie – als eins und als Ursprung allen Seins anerkannt werden.

Auch ist für Blondel eindeutig, dass ein bloß begriffliches Denken nicht für sich allein stehen kann.[56] Weder kann es allein das Sein erkennen, noch seine eigenen Quellen, also seinen ureigensten Ursprung. Dem begrifflichen, abstrakten Denken fehlt immer das Konkrete. Allerdings gibt Blondel vor, eine solche trennende Vorgehensweise zu verstehen. Suffisant bemerkt er, dass das Einen aller Bestandteile ein schwieriges Unternehmen sei. Wer dieses Einen nicht erkennen könne, habe vor allem Angst davor, alles durcheinander zu bringen, so Blondel.[57] Aus dieser Angst resultiere die Vorstellung bei den Philosophen, alles müsse fein säuberlich von einander getrennt sein. Somit gibt Blondel zu verstehen, dass eine Philosophie, die nicht in alle Bereiche ausstrahlt und die nicht alle Bereiche berücksichtigt, ihre Aufgabe nicht erfüllt und sie auch nicht erfüllen kann. Aus dieser Beschneidung der Philosophie und ihres Sinnes heraus fordert Blondel eine uneingeschränkte philosophische Lehre, in der sich das Denken, d.h. das Abstrakte, das Sein, d.h. das Transzendente, und das Handeln, d.h. das Praktische, miteinander verbinden.[58] In dieser Verbindung soll die Philosophie Religion und Wissenschaft in ihre Reflexion mit einbeziehen, sich aber nicht von einem der beiden abhängig machen.[59] Vielmehr stellt die Philosophie eine Art übergeordnete Instanz dar, die alle Fragen und Probleme neutral betrachtet und untersucht. Sie soll den Dingen auf den Grund gehen, sie soll den Urgrund erforschen, so die Forderung Blondels. Aufgabe des Philosophen ist, der „Allesseher"[60] zu sein. Blondel versteht dies im platonischen Sinne, d.h., der Philosoph ist derjenige, der alle Erscheinungen wahrnimmt und sie auf ihren substantiellen – wesentlichen – Grund zurückführt. Dieser ist nicht nur als das Wesen der Erscheinungen zu verstehen, sondern als deren Wirklichkeit selbst. Dabei bedeutet Wirklichkeit für Blondel das durch das Sein zum Seienden gekommene Wesen. Die unmittelbare Verbindung des Wesens mit dem Sein ist hierbei unerlässlich – und stolz berichtet Blondel von einem Spaziergang mit dem französischen Philosophen Jules Lachelier, der Blondel gegenüber neidisch anmerkt, dass durch seinen Begriff der Handlung alles miteinander in Verbindung sei, während in Lacheliers eigenem Denken doch eher Schwachstellen liegen würden.[61]

Blondel wird der „Philosoph des Konkreten"[62] genannt. Warum? Sicherlich deshalb, weil es für ihn eindeutig ist, dass – und dies erwähnt er lediglich in einer Fußnote – jede Erkenntnis, d.h. auch und vor allem die philosophische, sich ausschließlich vom Konkreten ableitet. Nicht das leere Abstrakte, die Möglichkeit, führt den Philosophen zur Erkenntnis und zur Wahrheit, sondern das, was in der Welt gegeben ist, das Konkrete, ist allein der Ausgangspunkt für die Abstraktion. Blondel selbst fordert infolgedessen eine „Wissenschaft des Konkreten"[63], zu der die Philosophie werden soll. Dazu sind aber auch konkrete Begriffe notwendig, nicht abstrakte. Die Begriffe „individuell" und „allgemein"[64], die in der Philosophie verwendet werden, gehören für Blondel zu den abstrakten Begriffen. Sie drücken lediglich Prinzipien aus. Ausgehend davon ist eine wirkliche Erkenntnis nicht möglich. Anders verhält es sich mit den Begriffen „einzigartig" und „universell"[65]. Diese sind für Blondel konkrete Begriffe, denn sie drücken das Konkrete aus. Einerseits beziehen sie sich nämlich auf den konkret existierenden Teil und zugleich auf das konkret existierende Ganze, andererseits auf das Prinzip des Teils und das Prinzip des Ganzen. Dabei beinhalten beide Begriffe einander und stellen somit das Konkrete ganzheitlich dar. Ausgehend von diesen beiden Grundprinzipien versteht Blondel die Wissenschaft des Konkreten als ganzheitliche Wissenschaft, die zugleich das Sein und das Denken beinhaltet, die durch die Handlung miteinander verbunden sind. Nur in dieser Wissenschaft treffen sich das Universelle und das Einzigartige. Auch können Philosophie, die Wissenschaft als solche sowie bildende Künste und Dichtung in dieser Wissenschaft vereint werden.

Die Wissenschaft des Konkreten ist für Blondel die Wissenschaft des Wirklichen, da sie alles in sich beinhaltet, angefangen von den kleinsten konkreten Einzeldingen über Abstraktionen bis hin zum Transzendenten. Da diese Wissenschaft vom Konkreten, also vom Einzelding ausgeht, beschäftigt sie sich mit den individuellen Einzigartigkeiten der Welt. Diese beinhalten aber als Teile des Universums das Universelle, somit das Transzendente, und zeugen von dessen Gegenwart.[66] Das Ziel, nach dem Blondel also mit seiner Philosophie strebt, ist:

> „das höchste Sein zu erreichen und unsere Bestimmung zu erfüllen, das Sein in uns zu verwirklichen und eine konkrete Ontologie zu gründen."[67]

Das höchste Sein, der Ursprung alles Seienden, ist also in die Philosophie mit einzubeziehen. Dieser Ursprung beherrscht das Sein der Seienden, denn es gibt den Seienden die Bestimmung ihres Seins. Diese Bestimmung kann aber nur dann erkannt werden, wenn auch das höchste Sein im Denken nicht ausgeschlossen ist und im konkreten Leben wahrgenommen wird. Nur so kann die Wissenschaft des Wirklichen gegründet und zu einer konkreten Ontologie werden.

Die Wissenschaft des Wirklichen beinhaltet für Blondel alles, da das Wirkliche selbst alles ist. Dies bezieht sich für Blondel nicht nur auf Gegenwärtiges oder Vergangenes, oder auf einfache Erscheinungen, sondern auch auf das Wesen der Erscheinungen sowie auf Zukünftiges.[68] Für Blondel beruht die wirkliche Erkenntnis in einer Dialektik und die Erkenntnis ist nur durch diese Dialektik zu finden. Diese besteht einerseits aus der abstrakten, begrifflichen Erkenntnis, andererseits aus der konkreten Erkenntnis. Keine von beiden führt allein zur wirklichen Erkenntnis, zur Erkenntnis des wirklichen Seins; dies wird nur durch ein Zusammenspiel beider möglich.[69] Das wirkliche Sein kann aber dennoch niemals auf die Weise gefasst werden, dass es dem Menschen in einem festen Umriss erschiene oder er es klar definiert in Worten ausdrücken könnte, denn das wirkliche Sein übersteigt das Konkrete und somit den konkreten Ausdruck. Für Blondel lässt sich dies auf eine einfache Formel zurückführen: „Das Wirkliche ist erkennbar, aber das Erkannte ist nicht das ganze Wirkliche."[70] Erkennbar ist das Wirkliche, dies jedoch nur vermittels der Dialektik, da es sich sonst lediglich um Verstümmelungen, nicht aber um eine wirkliche Erkenntnis handeln würde. Das ganze Wirkliche kann aber nicht erkannt werden, da das wirkliche Sein das absolute Sein ist, das durch das Relative, das begrenzte Konkrete nicht vollständig erkannt werden kann.

Das Denken

Erkennen geschieht durch Denken. Dieses aber erfordert Ruhe und Rückzug. Philosophische Studien und Reflexionen müssen reifen und dürfen nicht vorschnell und unfertig einer Öffentlichkeit preisgegeben werden. Nur so gelangt der Philosoph zu Einsichten, und letztendlich zur Wahrheit. Die Pflicht des Philosophen besteht für Blondel deshalb im selbständigen Denken, das in Ruhe und Rückzug vollzogen wird. Vorurteile müssen abgebaut und dürfen nicht berücksichtigt werden, Gedachtes und Modephilosophien dürfen nicht einfach übernommen, sondern müssen fortwährend hinterfragt werden. Selbständiges Denken erfordert eine permanente Anstrengung und Eigenleistung, da selbst eigene Schlüsse und gewonnene Erkenntnisse immer wieder hinterfragt werden müssen. Dies ist umso schwieriger, als es sich bei den Problemen, die in der Philosophie behandelt werden, gerade um die „ewigen, immer wieder neu gestellten Fragen"[71] handelt. Die Philosophie wirft also immer wieder dieselben Fragen auf. Dies kann zu einer Haltung führen, die vertritt, man habe schon alles gesagt und gedacht und müsse dies nun nicht weiter verfolgen. Hierin aber liegt gerade die Wichtigkeit der Philosophie auch heute noch und in Zukunft. Die sogenannten „positiven Wissenschaften", also die Natur-, Geistes- und Humanwissenschaften, gehen von Gegebenem aus – also von der Natur, der Literatur, der Sprache oder dem Menschen und der Gesellschaft. Sie erforschen dieses Gegebene und bauen auf den Ergebnissen auf. Im Gegensatz hierzu besteht das Wesen der Philosophie gerade im ständigen Aufgreifen der wesentlichen Fragen, um die Selbständigkeit des Denkens zu erhalten. Für Blondel besteht die Aufgabe der Philosophie darin, das „Ewige"[72], nämlich das Sein, das Ursprung und Orientierung ist, zu suchen – und dies gerade durch das Stellen der ewigen Fragen.

Die philosophische Analyse hinsichtlich des Denkens ist Blondels Meinung nach immer noch auf dem Stand, auf dem sie schon zur Zeit der alten Griechen war.[73] Gedacht und überlegt wird viel, aber über das Denken selbst wird kaum nachgedacht. Deshalb greift Blondel das Denken selbst als philosophisches Problem auf. Für ihn ist es wichtig, das Denken zu verwirklichen.[74] Wenn Spekulation und praktische Anwendung voneinander getrennt sind und unabhängig voneinander bestehen, so werden Ergebnisse, die auf beiden Seiten gewonnen wurden, unbrauchbar. Sie werden zu falschen Allgemeinheiten, da sie nur durch einseitige Betrachtung hervorgebracht wurden. Blondel hingegen will die Vereinigung von Spekulation und Anwendung. Denken besteht niemals nur für sich allein und die Anwendung kann nur ausgeführt werden, wenn sie vorher reflektiert wurde.[75]

So lautet Blondels Weg des Denkens:

> „niemals ins Abstrakte entgleisen, indem man sich dessen bedient; niemals den Blick auf das Konkrete und den Kontakt zum Konkreten verlieren."[76]

Als problematisch sieht Blondel deshalb jede theoretische Erkenntnis an, die nicht am und im Konkreten überprüfbar ist. Eine solche Erkenntnis ist für ihn lediglich eine Behauptung, keinesfalls aber wahre philosophische Reflexion. Er vergleicht dies mit der mathematischen „Extrapolation"[77], einer Berechnung eines Verhaltens über den gesicherten Bereich hinaus, die aber lediglich ins Allgemeine führen kann, obwohl hier vorgegeben wird, das Wesen des Einzigartigen und des Universellen erreicht zu haben.[78]

Allerdings ist für Blondel eindeutig, dass eine Analyse des Denkens keinen abstrakten Begriff zum Ergebnis haben kann, durch den das Denken definiert und somit verallgemeinert wird. Ein solch abstrakter Begriff könnte dem Denken, auch und gerade als Bestandteil von Blondels ganzheitlicher Philosophie nicht gerecht werden. Eine wirkliche Analyse des Denkens kann nur dann begriffen und realisiert werden, wenn die Aufgaben des Denkens berücksichtigt werden. Diese liegen in der Wahrnehmung der lebendigen Einheit und der geistigen Wirkung und im Gespür für natürliche Bestandteile und wirksame Bedingungen.[79] Das bedeutet, dass das Denken heterogen ist. Zum einen ist es analytisch, geht den Dingen, ihrem Wesen auf den Grund und erkennt diese. Zum anderen ist das Denken synthetisch, indem es die Bedingungen und die Zusammenhänge der Dinge sowie die Bedeutung der göttlichen Implikation versteht und richtig anzuwenden weiß. Nur im Denken können also die Vielheit in der Einheit und die Einheit in der Vielheit erkannt, analysiert und zusammengesetzt werden, denn das Denken verbindet Analyse und Synthese zugleich. Dies muss die Analyse des Denkens hervorheben und zum Ergebnis haben.[80] Für Blondel beginnt die Analyse des Denkens also auch ganzheitlich, nämlich bei der Etymologie des Wortes.[81] Das französische Wort „Denken" – la pensée – führt Blondel auf das Wort „wiegen" – peser – zurück und bezeichnet somit das Denken als einen Vorgang des Abwägens. Insofern macht er hier den Handlungscharakter des Wortes „Denken" deutlich.

Denken ist also eine Handlung, die, wie das menschliche Leben auch, im Konkreten beginnt, dort eigentlich geboren wird. Um dies zu verdeutlichen führt Blondel die Begriffe „denkendes Denken" [82], das die Handlung, das menschliche Denken an sich beschreibt und „gedachtes Denken" [83], nämlich die Abstraktion, ein. Erst beide Formen des Denkens, die unmittelbar zusammengehören, bilden das *ganzheitliche Denken*. Den unmittelbaren und notwendigen Zusammenhang dieser beiden Formen des Denkens macht Blondel an einem Beispiel deutlich. Indem er das konkrete Leben in der Provence als Ausgangspunkt nimmt, zieht er den Vergleich zur Verpuppung und zum Schlüpfen der Grille. Dabei entspricht das gedachte Denken der Puppe, in der sich das Leben entwickelt. Das, worauf es dann aber ankommt, nämlich das, was letztendlich lebensfähig ist, ist die geschlüpfte Grille, die das denkende Denken repräsentiert. Es kann also keine Erkenntnis des Wirklichen ohne Erkenntnis des Begrifflichen geben.[84] Das Wirkliche, das Konkrete kann nicht ohne das Abstrakte erkannt werden.

Das ganzheitliche Denken besteht für Blondel aus zwei Arten, die zwar unterschiedlich, aber dennoch miteinander verbunden sind. Es handelt sich hierbei zum einen um die „Vorstellung"[85], zum anderen um die „Gegenwart"[86]. Dabei repräsentiert die Vorstellung das Abstrakte, die Idee, die sich der Mensch ausgehend vom Konkreten macht. Die Gegenwart ist das Konkrete, das Wirkliche, die von Gott geschaffene Welt, in der sich die Einheit präsentiert. Das Denken in seiner Ganzheit muss aber zugleich vereinigt und befreit sein.[87] Vereinigt in dem Sinne, dass es universell ist, befreit, da es bei jedem Menschen einzigartig ist. In diesem Sinne fordert Blondel auch die Ganzheitlichkeit im Ausdruck des Denkens, nämlich in der Sprache. So soll aber nicht nur das gesprochene Wort, sondern ebenfalls die Mimik und die Gestik berücksichtigt werden. Der spontane und impulsive Ausdruck verbindet auch den Menschen mit dem Tier insofern als der Mensch diesen Ausdruck mit dem Tier gemeinsam hat, zusätzlich aber noch die Fähigkeit besitzt, ihn zu reflektieren und zu verwandeln. Erst die Verbindung des spontanen Ausdrucks mit der Abstraktion des Wortes und der Vernunft führt zu der Ganzheitlichkeit im Ausdruck des Denkens, die Blondel anstrebt.[88]

Der Sinn der Philosophie ist, ein kritisches – also selbständig denkendes – Publikum anzusprechen. Dies soll mit dem Aufwerfen der Grundprobleme der Philosophie, nämlich den ewigen, immer wieder neu gestellten Fragen, und auch mit dem aktueller Probleme, die in der Lebenswirklichkeit auftauchen und nach einem philosophisch durchdachten Fundament verlangen, konfrontiert werden. Dabei sollen nicht nur moderne Varianten der zeitgenössischen Philosophie in der Öffentlichkeit diskutiert werden, sondern gerade auch die Probleme und Grundfragen, die aufgrund der eingangs erwähnten vorherrschenden Modephilosophie keine Beachtung mehr finden, nämlich die metaphysischen und mystischen Fragestellungen. Blondel selbst plädiert für die Lehre einer

„reinen Philosophie“[89]. Hier geht es ihm darum, Denken und Handlung miteinander zu verbinden. Denken allein bedeutet für Blondel das Passive beherrschen, insofern als das Denken zu Reflexion und zu Abstraktion führt. Die aus der Abstraktion resultierenden Begriffe sind aber dann das Nicht-Handelnde. Das Denken beherrscht lediglich diese Begriffe.

Handeln hingegen heißt, etwas zu geben, eben etwas *mit* den Dingen, etwas *aus* den Dingen zu machen – auch aus den abstrakten Begriffen. Für Blondel geht es in der „reinen Philosophie“ um eine wechselseitige Existenz von Denken und Handlung ineinander, die einander durchdringen; beides allein kann nicht bestehen, sondern jedes ist abhängig vom anderen, jedes bedingt das andere und eines geht aus dem anderen hervor. Insofern ist die Philosophie rein, da sie integer und vollständig – ganzheitlich – ist.[90]

Die Handlung

Blondels Wunsch und Ziel ist es also, diese neue Art Philosophie zu schaffen, indem er sich von den vorherrschenden Strömungen in Philosophie und Theologie befreit.[91] Dabei sieht er sich in einem Milieu gefangen, das aus Gegensätzen besteht, die aufeinanderprallen und sich nicht vereinen lassen.[92] Dieses Vereinen aber ist gerade sein Wunsch, seine Sicht der Dinge und der Grundsatz seiner Philosophie. Die Ganzheitlichkeit ist sein Ziel und so möchte er sich dieses Milieus, das in Gegensätze aufgeteilt ist, gerade deshalb bedienen, um die Gegensätze zu vereinen und sich so von der Mode zu befreien und etwas Eigenständiges zu schaffen. Auch kritisiert er wieder, dass in dem genannten Milieu nicht nur Gegensätze unverbunden aufeinanderprallen, sondern ebenfalls das Begriffliche, also das Abstrakte vorherrscht; darin verliert das Konkrete an Bedeutung und für Blondel wird dieses Begriffliche zum Oberflächlichen. Tiefgründige Erkenntnis ist demzufolge nicht möglich.

Die Vereinigung, die Blondel anstrebt, wird durch die Handlung erreicht. Sie ist für Blondel das „substantielle Band“[93], welche die Einheit des einzelnen Seienden und die Einheit des Seienden mit allen anderen Seienden schafft. Handlung bedeutet für ihn die Vereinigung von begrifflichem Denken und Leben[94], also von Abstraktem und Konkretem, von Theorie und Praxis. Nur durch Erfahrungen in der Welt und Planung eines Vorhabens im Denken kann Handlung entstehen und auch wenn diese Verbindung nicht unmittelbar erkennbar ist und in manchen Fällen auch nicht zustande gekommen zu sein scheint: Jeder Handlung geht eine reflektierte Erfahrung voraus, eine Erfahrung, die ihrerseits einer Handlung entsprungen ist, die ihrerseits Handlung ist.

Handlung ist für Blondel auch der Ausdruck der Individualität des einzelnen Seienden im Zusammenhang mit einer größeren sozialen oder allgemeinen, will heißen: natürlichen Ordnung. Sie schafft die Einheit des einzelnen Seienden und die Einheit des Seienden mit allen anderen Seienden. Hier zeigt sich der Charakter des Neubeginns, der Initiative, welcher der Handlung zukommt. Handeln bedeutet für Blondel immer wieder neu zu beginnen. Das Handeln entspricht einer Initiative – in dem Sinne, den Hannah Arendt später gebrauchen wird[95] –, einem Neubeginn, der jedes Mal wieder geleistet wird, sobald der Mensch handelt.[96] Insofern bedeutet es für Blondel eine ständige Erneuerung, wenn er handelt, aber auch, wenn er mit dem „Geist der Handlung"[97], also in der Haltung des ständigen Neubeginns, studiert. Vor allem aber bedeutet das Studium der Handlung im Geist der Handlung für ihn, dass er immer wieder in einen Jungbrunnen eintauchen kann.[98] Der Neubeginn, den jede Handlung in sich trägt, ist also ein ständiger Anstoß in eine neue Richtung. Diese Haltung des ständigen Neubeginns bewusst anzunehmen, bedeutet nicht in Altem zu erstarren, sondern wie ein junger, unbekümmerter Mensch alles als neu und auf neue Weise zu entdecken, indem man Althergebrachtes immer wieder hinterfragt.

Jeder Mensch ist als Handelnder immer wieder zu Neuem fähig und wird dadurch zum Individuum. Das Neue entsteht aber aus dem Gegebenen, dem Konkreten, das reflektiert und dann zu Handlung wird. Im Konkreten zeigt sich auch die Ordnung, die allgemein in der Welt vorherrschend ist und der auch jede einzelne Handlung in ihrer Individualität folgt. Insofern steht keine Handlung allein, keine Handlung kann aus einem Zusammenhang herausgerissen oder ohne den Kontext betrachtet werden. Durch diesen größeren Zusammenhang, in dem jede Handlung steht, versteht sich auch die Verbindung jedes Seienden mit den anderen Seienden. Handlung geht von einem aus, damit der andere oder die anderen reagieren, also ebenfalls handeln.

Blondel versteht seine These der Handlung zum einen als spekulative These, also als Abstraktion, da es sich hier um Reflexionen handelt. Zum anderen ist sie aber nur scheinbar spekulativ, denn da die Handlung ein ganzheitliches Konzept darstellt, geht sie von der konkreten Welt, den konkreten Erfahrungen aus, um wieder in reflektierter Form dorthin zurückzukehren. Insofern bezieht sich die Handlung auf alle Bereiche des menschlichen Lebens. Sie ist es, durch die Organisationen, Kulturen und Traditionen entstehen und fortdauern.[99] Alles entsteht nur durch Handlung; sie ist keinesfalls spekulativ, sondern höchst produktiv und lebendig. Deshalb ist es wichtig, sich auf das zu besinnen, was der

Ursprung ist, nämlich die Wirklichkeit, das konkrete Sein.[100] Was Handlung ist, zeigt sich besonders im Bereich der Ästhetik und obwohl Blondel von sich behauptet, diese sei nicht dasjenige Gebiet der Philosophie, das ihm am besten liege[101], räumt er ihr einen großen Stellenwert ein. Zunächst kritisiert er, dass der Name „Ästhetik" falsche Vorstellungen hervorrufe, die mit dem Inhalt nichts zu tun hätten. Für ihn bedeutet Ästhetik eben nicht nur eine abstrakte „Wissenschaft des Schönen"[102], sie beinhaltet vor allem auch das Werk der Kunst selbst – dies gilt für den Bereich der schönen Künste ebenso wie für denjenigen der Literatur. Insofern geht es hier um eine Wissenschaft, die Konkretes und Abstraktes miteinander vereint.

Kunst entwickelt sich lebendig, d.h. sie entsteht nicht erst, nachdem ein Theoretiker Jahrhunderte später einem Kunststil seine Charakteristika zugewiesen hat, sondern sie entwickelt sich über die Zeit hinweg und drückt das aus, was die Menschen bewegt. Blondel demonstriert dies am Beispiel der Gotik.[103] Für ihn ist sie Ausdruck einer Weiterentwicklung der Romanik und der Freude, die laut Blondel im katholischen Glauben zum Ausdruck gebracht wird. Insofern ist die Gotik Ausdruck für die Hinwendung des Menschen zu Gott. Kunst wird hier als das Vehikel verstanden. Sie drückt das Wirkliche aus, das der Mensch erfährt und erkennt. Dies soll nicht als einfache Nachahmung geschehen, sondern als reflektierte Verarbeitung des Erfahrenen und somit als Ausdruck der Einzigartigkeit im Universellen.[104]

Blondel sieht in der Kunst, vor allem in der mittelalterlichen Baukunst, das eigentliche Pendant zum begrifflichen Denken.[105] Die Kunst drückt das konkret im Konkreten aus, was von Philosophen begrifflich gedacht wird. Hierin erkennt Blondel eine Einheit, die das wirkliche Sein erkennt und zum Ausdruck bringt. Er geht sogar so weit zu behaupten, ohne die Kunst sei keine Wissenschaft des Wirklichen möglich.[106] Das Wirkliche beinhaltet alles, was war und ist, aber auch all das, was noch sein wird und was verborgen ist[107] und dies wird durch die Kunst und in ihr ausgedrückt. Die Kunst ist die Handlung der ästhetischen Abstraktion, in ihr erst wird die Theorie lebendig und ansprechend. Schließlich fordert Blondel sogar, dass die Kunst zur Befreiung des Denkers vom „Joch der Abstraktionen"[108] beizutragen habe. Somit ist die Kunst für ihn letztendlich doch einer der bedeutendsten Wege, die den Menschen zum Sein führen.

Das Sein

„Sein, das ist im wesentlichen Handeln"[109]. Dies ist die Kernaussage von Blondels Handlungstheorie, die somit auch zugleich zusammengefasst wird. Das Sein als Ursprung, in dem das Sein der Seienden und alles konkrete Sein enthalten ist, ist Handeln. Denken und Handlung spiegeln Sein wider und das Sein wird durch das Denken und die Handlung in der Welt, im Konkreten präsent.[110] Das Sein ist die „ständige und unerschöpfliche Neuheit"[111], die sich in der Welt als Initiative manifestiert und die von jedem täglich als Handlung vollzogen wird. Insofern ist es für Blondel widersinnig zu behaupten, das wirkliche Sein könnte durch eine passive Schau – im Sinne eines inaktiven Abwartens – erkannt werden.[112] Dagegen bedeutet Passivität für Blondel keine Untätigkeit, sondern sie ist eine Fähigkeit, die vorhanden ist und die erst angeregt werden muss[113], um zur Aktivität, um zur Handlung zu werden.

Handlung ist, was das konkrete Leben und das Leben der Seienden ausmacht und bestimmt. Alles Seiende ist im wirklichen Sein inbegriffen. Die Handlung ist also das, was die Seienden mit dem Sein verbindet, das, worin sich dem Seienden das Sein manifestiert, und die Art und Weise, wie der Seiende das Sein begreift. Es ist die Aktivität, die das Konkrete ausmacht und so kann der Ursprung der Aktivität auch nur durch Aktivität erkannt werden. Deshalb ist es für Blondel eindeutig, dass „das wahrhaftige Sein [...] nur durch ein handelndes Denken als wirklich erkannt werden"[114] kann. Das Denken als Form der Aktivität erkennt die Ursprungs-Aktivität, aber dies nur dann, wenn es sich um ein selbständiges Denken handelt, welches das erkannte Sein nicht einfach nur hinnimmt, sondern es hinterfragt und für sich selbst immer wieder neu erkennt. Allerdings ist das Sein nicht vollständig in Worten greifbar, eine intellektuelle Analyse wird ihm nicht gerecht, sondern verstümmelt es lediglich, ohne es fassen zu können.

Für Blondel ist eindeutig, dass alle konsequent gegangenen Wege zum Sein führen.[115] Konsequent gegangen heißt hier durch selbständiges, vorurteilsfreies Denken erworben. Der Philosoph, sogar jeder Mensch, der sich mit seinem Sein und dem Leben auseinandersetzt und dies auf selbständige Weise tut, d.h. jeder, der handelnd denkt, ohne sich auf scheinbare Gewissheiten zu verlassen, kommt mit seinem Denken zum Sein. Dies bedeutet aber auch, dass nicht nur Blondel oder seine Schüler dies erfahren, sondern dass ausnahmslos alle Denker, die sich mit den Grundfragen beschäftigen, in letzter Konsequenz das wirkliche Sein als Ursprung und Inhalt allen konkreten Lebens erkennen müssen. Die Erkenntnis dieses Urgrundes als solchem, der dem Seienden als Urerkenntnis gegeben ist, geht der reflektierten und wieder anwendbaren Erkenntnis voraus.[116]

Das Sein ist für Blondel das Gute, da nur das Gute etwas hervorbringen und schaffen kann.[117] Das Gute wirkt aufbauend und positiv, während das Böse zerstört. Da eine negative Aktivität voraussetzt, dass bereits etwas da ist, worauf sie mit Zerstörung re-agieren kann, kann also lediglich das Gute mit seiner aufbauenden Aktivität ein wahrer Ursprung sein. Das authentische Transzendente ist in dieser Hinsicht für Blondel weder etwas, was sich der Mensch selbst geschaffen hat noch ein Ideal. Es ist vielmehr das Leben selbst, nämlich als Vernünftiges und als Aktives, das die Wirklichkeit rekonstruiert, indem es sie lebt und erfährt, und sich dadurch mit ihr verbindet.[118]

Für Blondel ist eindeutig, dass jeder Mensch, der dem Sein innewohnt, auch dorthin zurückstrebt.[119] Allerdings ist sich Blondel dessen bewusst, dass das Sein, also die Einheit, in jedem Menschen selbst liegt.[120] Der Mensch muss erkennen, dass er selbst Teil des Seins und das Sein er selbst ist. Hierin liegt seine eigene Erkenntnis, dass er die Vielheit in der Einheit und die Einheit in der Vielheit in sich selbst trägt und sich als Individuelles mit dem Universellen vereint, indem ihm sein Wesen als Seiender des Seins bewusst wird.

Der christliche Geist

Handlung stellt für Blondel auch die Verbindung von Wissenschaft und Glauben her.[121] Der Glaube gehört für Blondel unumstößlich zum Konkreten, also zum Leben. Blondel spricht hier vom christlichen Glauben, also dem Glauben an Gott, der alles geschaffen hat und dessen Geist alles Konkrete durchdringt. Dieser Glaube ist die Urform der menschlichen Erkenntnis, nämlich der Erkenntnis der Welt als Schöpfung Gottes, der wiederum in der konkreten Welt erkannt wird. Aus dieser Erkenntnis heraus, die keineswegs vollständig ist oder sein kann, entsteht die Neugier, ein Durst der Erkenntnis, ein Durst nach Wissen. Dies führt den Menschen zur empirischen und schließlich zur abstrakten Wissenschaft, in der zunächst die Natur untersucht und schließlich in abstrahierter Form präsentiert wird. Insofern baut Wissenschaft auf dem Glauben auf; sie entsteht nur durch ihn. Die Handlung, die Glauben und Wissenschaft miteinander verbindet, besteht im Erforschen der Welt und im Lernen. Handlung resultiert also aus dem von Gott geschaffenen Konkreten und zeugt von Gottes Wirken in der Welt. Verwirklicht vom Menschen, der das Natürliche und das Göttliche in sich eint, schafft Handlung die Vereinigung des Natürlichen, des Menschlichen und des Göttlichen, das durch sie wiederum dem Universellen, dem sie entstammt, zugeführt wird.[122]

„Es gibt nur einen Gott"[123], so Blondels Gewissheit. Dieser Gott existiert und Gott ist Tat, mehr noch: Gott ist selbst Handlung.[124] Aufgabe des Menschen ist nun, diesen einen Gott in und durch die Handlung zu erkennen und anzuerkennen.[125] Das wirkliche Sein, Gott, kann nicht im Plural existieren, er ist die Einheit, die Einmaligkeit. Jeder Versuch des Menschen, sich einen Gott als anthropomorphes Ideal zu schaffen oder ihn gar abzuschaffen, muss in eine falsche Richtung und eigentlich in eine Sackgasse führen. Blondel geht es darum, diesen einen Gott als Inhalt des Lebens zu begreifen und dies anzuerkennen. Die Wahrheit der Philosophie ist für Blondel die Erkenntnis Gottes.[126] Auch wenn die Methoden der Philosophie die Analyse und die Synthese sind, die alles bis hin zum Grund, also zum Wesen hin untersuchen, so bleibt für Blondel der wahre Ursprung, der Kern des Seins Gott. Die Bewegung, welche die Philosophie nachvollziehen muss, muss in die Höhe, zu Gott, streben. Dies ist der philosophische Aufstieg, von dem anfangs die Rede war. Nur durch Gott, das wirkliche Sein erfährt alles Konkrete seine Bedeutung und die Philosophie ihren Sinn. Nur durch Gott gelangt die Philosophie zur Wahrheit.

Bezüglich seiner Philosophie spricht Blondel auch von einem „einheitlichen Trinitarismus"[127] und stellt somit auch die Verbindung von seiner Philosophie und dem christlichen Glauben her. Der christliche Geist stellt für ihn das Sinnbild seiner Philosophie dar. Dies dem Laizismus, der in Frankreich vorherrschend ist und jede Religion aus dem gesellschaftlichen und wissenschaftlichen Leben verbannen will, zum Trotz. Ein Interesse an der Religion erscheint Blondel legitim, da jeder Forscher und vor allem jeder Philosoph das Recht hat, sich auf intellektuelle und vernünftige Weise mit jeder Religion und jeder Glaubensform auseinanderzusetzen. So ist es auch legitim, das Wesentliche des christlichen Geistes zu erforschen.

Dennoch ist für Blondel der christliche Geist mehr als nur ein Studienobjekt. Er ist der Ausdruck für das Transzendente, für das wirkliche Sein.[128] Der Mensch lebt in diesem Geist – er wohnt dem wirklichen Sein inne –, hat ihn aber auch quasi als Geschenk erhalten. Der Geist ist für Blondel also nichts Äußeres, d.h. der Geist lebt im Menschen und der Mensch lebt im Geist. Es ist nicht möglich, den Geist als eine Art Gegenstand zu betrachten, der mit dem Menschen nichts zu tun hat, ebenso wenig wie es möglich ist, ihn rein begrifflich, also abstrakt zu formulieren und zu definieren. Da der christliche Geist mit dem Leben des Menschen und seinen

Handlungen unmittelbar verbunden ist, aber dennoch weit über die Grenzen des Lebens hinausgeht, nämlich das wirkliche Sein ist, will Blondel in einer Studie zum christlichen Geist vor allem auch die Grenzen der Vernunft und somit die Grenzen der Philosophie selbst aufweisen.[129] Er will die Reichweite der Vernunft so weit wie möglich abstecken, d.h. das erkunden, was der Mensch selbst aus dem Konkreten heraus erkennen kann. Hier will er die Grenzen der rein menschlichen Erkenntnisfähigkeit aufweisen, um zu zeigen, wo das wirkliche Sein die menschliche Vernunft vervollkommnet.

Für Blondel ist es auch wichtig zu zeigen, dass es für den Menschen Unbegreifliches gibt, was dennoch unmittelbar zum Leben und zum Menschen dazu gehört. Der christliche Geist, das wirkliche Sein kann und darf vom menschlichen Denken und Philosophieren nicht ausgeschlossen werden. Erst durch den Geist erfährt das Leben seine Ganzheit, seine Vollständigkeit. Um das zu verdeutlichen, was der christliche Geist ist, hat Blondel einen Neologismus kreiert, nämlich das Wort „transnaturel"[130]. Hier zeigt sich, dass der Geist einerseits im Menschen, also auf natürliche Art und Weise wirkt, andererseits über das bloß Natürliche und damit Begrenzte hinausgeht, es überschreitet. Der Mensch kann sich nicht selbst genügen, kann aber auch allein nicht über sich hinausgehen. Um das zu werden, was er ist, braucht der Mensch das wirkliche Sein, das sich im christlichen Geist ausdrückt.

Der Mensch erfährt in seinem Leben also nie eine Vollendung, da die Vollendung sich allein mit und im wirklichen Sein vollziehen kann. Das Problem des Menschen überhaupt sieht Blondel darin, dass er sich allein auf die konkrete Welt beschränkt und diese als solche als vollendet begreift. Dass es das Unverständliche, das nicht Konkrete gibt und dass immer nur die Berücksichtigung dessen zu einer Vervollkommnung und damit zu einer Vollendung führen kann, wird in der Philosophie übergangen. Der Mensch findet sich nicht damit ab, dass er nichts wirklich beenden kann, dass er niemals wunschlos glücklich werden kann.[131]

Aufgrund seiner Überlegungen befürwortet Blondel eine „Metaphysik der Nächstenliebe"[132]. In diesem Ausdruck zeigt sich die Verbindung von Philosophie und Religion. Metaphysik, ein Begriff, der von Aristoteles geprägt wurde, bezeichnet die Analyse und die Reflexion über das, was über das Natürliche hinausgeht und repräsentiert hier also die Philosophie. Die Nächstenliebe ist ein Begriff, der im Christentum aufkommt und kennzeichnend für die christliche Tradition ist. Die Nächstenliebe ist also die Bezeichnung für das Sich-Öffnen hin zum anderen, was bereits eine Überschreitung des eigenen, begrenzten Horizontes des Individuums bezeichnet. Die Nächstenliebe ist jedoch kein exklusiver Begriff[133], sondern Ausdruck des wirklichen Seins, das alle Menschen miteinander verbindet. So geht auch der Mensch durch die Nächstenliebe auf den anderen zu und verbindet sich mit ihm. Insofern ist die Nächstenliebe die Haltung und die Handlung des wirklichen Seins, das im Menschen wirkt. Durch die sogenannte „Metaphysik der Nächstenliebe" drücken sich die mögliche Vollendung und die Ganzheitlichkeit aus, die Blondel anstrebt. Gleichzeitig ist die Nächstenliebe auch das, was den gläubigen Menschen mit Gott verbindet, denn einerseits kommt die Liebe von Gott, andererseits lässt der Einzelne die Liebe, die er einem anderen zukommen lässt, auch Gott zukommen. Damit überschreitet der Mensch auch sein eigenes Leben sowie die konkrete Welt.

3.2.3 Blondels Ziel

Blondels Absicht zielt keinesfalls darauf, den modernen Menschen oder Gläubigen mit dem zu knechten, was im negativen Sinne als veraltete Tradition bezeichnet wird[134]. Vielmehr erwartet er, dass derjenige, der seiner Philosophie folgt, von Vorurteilen gegenüber der christlichen Religion und deren Glaubensinhalten gereinigt wird, die ihn bremsen oder von seinem eigentlichen Weg abhalten und somit das wahre Ziel des Seienden für ihn unmöglich machen. Der Mensch, der sein Leben, sein Denken und sein Sein von Gott erhalten hat, erhält für Blondel gleichzeitig die Verpflichtung zu handeln und zu geben.[135] Das Handeln wird von jedem Seienden tagtäglich vollzogen, das Geben ebenso; es gipfelt jedoch in der letzten Gabe des Menschen, nämlich in der Hingabe seines eigenen Lebens. Erst nach dem körperlichen Tod erhält der Mensch sein göttliches Leben. So, wie Gott das irdische und das transzendente Leben als Geschenke gibt, so muss der Mensch dieses irdische Leben als Geschenk hingeben, um das zweite Geschenk zu erhalten.

Blondels Thesen zielen darauf ab, ein bewusstes Handeln *in der Welt* zu erreichen. Handlung in seinem Sinne verstanden, hat eine konstituierende Bedeutung, und dies für die Wissenschaften, die Künste, die Politik, die Kulturen sowie den Frieden und die internationale Zusammenarbeit.[136] Konstituierend bedeutet hier, immer wieder einen Neuanfang wagen, immer wieder die Initiative ergreifen und dies im Konkreten.

Da für Blondel Denken und Handlung in der Philosophie zusammengehören, liegt hier auch die Verpflichtung der Philosophie in einer Festlegung der Moral, der Werte und in der geistigen Befreiung des Menschen[137], um ihm das wirkliche Sein näher zu bringen. Eine Missachtung dieser Aufgabe der Philosophie führt für Blondel die Gefahr einer Gesellschaft mit sich, die verwissenschaftlicht und rein technisiert ist und sich an falschen Werten orientiert, nämlich an Werten, die aufgrund von Abstraktionen geschaffen wurden und denen die wahre Grundlage und somit der wirkliche Inhalt fehlt. Deshalb ist es wichtig, das selbständige und freie Denken zu lernen und anzuwenden.[138] Nur so kann jeder Einzelne Vorurteile, Unverständnisse und Intoleranz überwinden, um zu gerechten Urteilen und positiven Handlungen zu gelangen.

---

1 Vgl. hierzu Arendt, Hannah: *Denktagebuch. 1950-1973. 2 Bde*. Ursula Ludz und Ingeborg Nordmann (Hrsg.), Piper, München, 2002. Herder zitiert sie lediglich im August 1953 hinsichtlich seiner Geschichtsphilosophie (Bd. 1, S. 411), Blondel scheint sie nie gelesen zu haben, sondern sie zitiert nur aus einer Studie von Lawler (Bd. 2, S. 688).

2 Vgl. hierzu Patricia Rehm. *Herder et les Lumières. Essai de biographie intellectuelle*, Olms, Hildesheim, 2007.

3 *Herders Sämtliche Werke*. Bernhard Suphan (Hrsg.), 33 Bände, Berlin 1877-1913 wird im Folgenden mit der Abkürzung SW gefolgt von der Nummer des Bandes in römischen Ziffern und der Seitenzahlangabe in arabischen Ziffern zitiert. SW V, 61: „Allen Sinnen liegt Gefühl zum Grunde [...]", sowie SW V, 63: „[...] was sind ursprünglich alle Sinne anders, als Gefühl."

4 SW V, 95: „vom dunklen Gefühl", sowie SW V, 67: „Das Gefühl würkt unaussprechlich dunkel."

5 SW VIII, 236.

6 Vgl. SW VIII, 239: „Bei der Empfindung jedes Sinnes übt sich also die Seele im Erkennen, d.i. sie hat eine sinnliche Formel vor sich, die sie auf die möglich leichteste Weise entziefert und in ihr ein Resultat von Wahrheit und Güte suchet."

7 Vgl. SW V, 503: „[...] fühle dich in alles hinein [...]."

8 Adler, Hans: *Die Prägnanz des Dunklen. Gnoseologie – Ästhetik – Geschichtsphilosophie bei Johann Gottfried Herder*, Meiner, Hamburg, 1990, S. 164. Dort erklärt der Autor Herders Philosophie wie folgt: „Philosophie ist Philosophie aus Erfahrung. Erfahrungen werden durch die äußeren Sinne gemacht und im inneren Sinn beurteilt.". Lüttgens, Donald: *Der „Ursprung" bei Johann Gottfried Herder. Zur Bedeutung und Kontinuität eines Begriffes*, Lang, Frankfurt am Main, 1991, S. 13. Lüttgens beschreibt Herders Philosophie vom Standpunkt des Ursprungs aus: „ [...] alles, was echt und ursprünglich ist, läßt sich nicht rational, logisch analysierend erfahren, sondern muß sinnlich wargenommen [sic!] werden."

9 Vgl. SW V, 502 f.

10 Vgl. Adler. *Prägnanz*, S. 169. Er nennt diese Einfühlung in vergangene Zeitalter: „Vergangenes als vergangene Gegenwart auffassen", während Chrsitiane Pohl in Pohl, Christiane: *Die historische Erkenntnistheorie des jungen Herder*, Lang, Frankfurt am Main, 1990, S. 31 darlegt, dass bei Herder: „'Verstehen' nicht nur als kognitiver, sondern auch als ein emotionaler Akt gefasst wird. Die Einfühlung ist das Erkenntnismittel, wodurch dieses umfassende Verstehen erlangt wird."

11 SW X, 143.

12 SW V, 364.

13 Vgl. 1778 *Johannes Offenbarung*, SW IX, 1-100.

14 SW V, 503.

15 Vgl. SW IV, 413 f.; SW IV, 425; SW IV, 430 f. ; SW IV, 440 f.

16 SW IV, 367.

17 SW V, 486.

18 SW V, 483.

19 SW V, 535.

20 SW V, 535: „Er [der Philosoph] tanzt mit dem Degen auf dem akademischen Seile zur Bewundrung und Freude aller, die ringsum sitzen und dem großen Künstler jauchzen, dass er nicht Hals und Beine breche – das ist seine Kunst."

21 Vgl. hierzu auch Korff, Hermann August: *Voltaire im literarischen Deutschland des XVIII. Jahrhunderts. Ein Beitrag zur Geschichte des deutschen Geistes von Gottsched zu Goethe*. Max Freiherr von Waldberg (Hrsg.), Winter, Heidelberg, 1918/19. S. 553: „Die Philosophie hat sich von der Erfahrung isoliert, sie lebt von der Deduktion des Besonderen aus einem vorausgesetzten Allgemeinen, spinnt die Grundsätze der Politik, der Moral und des Lebens aus sich heraus, ohne praktischen Zusammenhang mit der Wirklichkeit [...]", sowie Irmscher, Hans Dietrich: *Nachwort.* In: Herder, Johann Gottfried: *Auch eine Philosophie der Geschichte zur Bildung der Menschheit*. Hans Dietrich Irmscher (Hrsg.), Reclam, Stuttgart, 1990, S. 140-159. Dort auf S. 151: „ [...] dass die Fülle an Erkenntnis, über die gerade dieses Jahrhundert verfügt, ohne jede Bedeutung für die Praxis geblieben ist."

22 SW V, 541: „Der Theologe blättert in den rührendsten Darstellungen der Religion, *lernet*, *weiß*, *beweist* und *vergißt* – zu den Theologen werden wir alle von Kind auf gebildet. Die *Kanzel* schallet von Grundsätzen, die wir alle zugestehen, wissen, schön fühlen, und – auf und neben der Kanzel lassen. So mit der *Lektüre*, *Philosophie* und *Moral*. Wer ist nicht überdrüssig sie zu lesen?"

23 Vgl. SW V, 541.

24 SW V, 538.

25 SW V, 537.

26 SW IV, 43.

27 Vgl. Düsing, Wolfgang: *„Die Gegenwart im Spiegel der*

Vergangenheit in Herders ,Auch eine Philosophie der Geschichte'". In: *Bückeburger Gespräche über Johann Gottfried Herder 1979*. Bd. 3, Bösendahl, Rinteln, 1980, S. 33-39. Dort auf S. 46: „diese verderbliche, verfrühte Reife ist nun in der Bückeburger Schrift das Kennzeichen der Gegenwart im Gegensatz zu der langsamen Entwicklung des Menschen in früheren Zeiten."

28 SW V, 575.

29 Vgl. SW V, 552.

30 Vgl. SW V, 553.

31 Vgl. SW V, 554.

32 Vgl. SWV, 534.

33 SW V, 534.

34 SW V, 534.

35 Malsch, Wilfried. "Herders ambivalente Zivilisationskritik". In: *Herder Today.Contributions from the International Herder Conference*. November 5-8, 1987 in Stanford, California. Kurt Mueller-Vollmer (Hrsg.), de Gruyter, Berlin, 1990, S. 64-83. Dort zu finden auf S. 69-70.

36 Herder übersieht hier nur vollkommen, dass im Zeitalter des Absolutismus sehr wohl unterschiedliche soziale Schichten existierten, die sehr klar voneinander getrennt waren. Außerdem wendet er den Begriff des Zeitalters der Aufklärung auf eine lange Zeitspanne an. So beinhaltet die Aufklärung für ihn den Absolutismus und das 18. Jahrhundert. Für ihn ist also historisch gesehen all das Aufklärung, was dem Mittelalter folgt.

37 Irmscher. *Nachwort*, S. 152.

38 SW V, 538.

39 SW V, 549.

40 SW V, 577.

41 SW V, 549.

42 SW IV, 402.

43 Vgl. SW V, 579: „Je mehr wir Europäer Mittel und Werkzeuge erfinden, euch andern Weltteile zu unterjochen, zu betrügen und zu plündern – vielleicht ists einst eben an euch, zu *triumphieren*!"

44 Der Begriff Handeln verweist eher auf eine gestaltende Tätigkeit, während der Begriff Handlung den gestalteten, abgeschlossenen Prozess charakterisiert. Um Blondels Terminologie zu wahren, werden wir trotzdem im Folgenden bezüglich Blondels Philosophie den Begriff der Handlung beibehalten.

45 Quellen:
www.philosophie.uni-mainz.de/blondel/Kurzbiographie.htm.
www.ub.uni-freiburg.de/referate/02/blondel/blondel1.htm.
Raffelt, Albert: „Blondel, Maurice". In: Die *großen Philosophen des 20. Jahrhunderts. Biographisches Lexikon*. Bernd Lutz (Hrsg.), Taschenbuch, München,1999, S. 73-75.
Raffelt, Albert und Verweyen, Hansjürgen: „Maurice Blondels

Leben und Werk". In: Maurice Blondel. *Der Ausgangspunkt des Philosophierens. Drei Aufsätze.* Albert Raffelt und Hansjürgen Verweyen (Hrsg.), Meiner, Hamburg, 1992, S. VII-XI.
Schaber, Johannes: „Blondel Maurice". In: *BBKL.* Bd. XV. Traugott Bautz (Hrsg.), Herzberg, 1999, Spalten 196-236.

46 Vgl. *L'Itinéraire philosophique de Maurice Blondel. Propos recueillis par Frédéric Lefèvre*, Ed. Spes, Paris, 1928, S. 64.

47 Vgl. *L'Itinéraire*, S. 93.

48 Vgl. *L'Itinéraire*, S. 93.

49 *L'Itinéraire*, S. 93: « impulsion aveugle ».

50 Vgl. *L'Itinéraire*, S.260.

51 *L'Itinéraire*, S. 189 : « des formules d'école ».

52 Vgl. *L'Itinéraire*, S. 189.

53 *L'Itinéraire*, S. 189 : « cette connaissance de sens commun ».

54 *L'Itinéraire*, S. 72-73.

55 *L'Itinéraire*, S. 73: « le ‚redressement' philosophique ».

56 Vgl. *L'Itinéraire*, S. 204-205.

57 Vgl. *L'Itinéraire*, S. 261.

58 Vgl. *L'Itinéraire*, S. 45.

59 Vgl. Ebd., a.a.O.

60 *L'Itinéraire*, S. 125: « tout-voyant ».

61 Vgl. *L'Itinéraire*, S. 236.

62 *L'Itinéraire*, S. 52: « le philosophe du concret ».

63 *L'Itinéraire*, S. 76: « science du concret ».

64 *L'Itinéraire*, S. 78: « l'individuel », « le général ».

65 *L'Itinéraire*, S. 78: « le singulier », « l'universel ».

66 Vgl. *L'Itinéraire*, S. 113.

67 *L'Itinéraire*, S. 190: « atteindre l'Etre et remplir notre destinée, réaliser l'être en nous et constituer une ontologie concrète. »

68 Vgl. *L'Itinéraire*, S. 166.

69 Vgl. *L'Itinéraire*, S. 197.

70 *L'Itinéraire*, S. : « le réel est connaissable, mais [...] le connu n'est pas tout le réel ».

71 *L'Itinéraire*, S. 40: « aux éternelles questions toujours renouvelées ».

72 *L'Itinéraire*, S. 43: « l'éternel ».

73 Vgl. *L'Itinéraire*, S. 134.

74 *L'Itinéraire*, S. 127: « à *réaliser* nos pensées ».

75 Vgl. hierzu auch van Hooff, Anton: *„Die Wende vom Sein zum Handeln. Philosophieren im Labor des Lebens"*. In: Markus Knapp, Theo Kobusch (Hrsg.). *Querdenker. Visionäre und Außenseiter in Philosophie und Theologie*, Wissenschaftliche Buchgesellschaft, Darmstadt, 2005, S. 257-265. Dort auf S. 260: „[...] als Instrument dieses Prozesses und ebenso als partieller Lebensvollzug ist das Denken Bestandteil dessen, was es reflektiert."

76 *L'Itinéraire*, S. 130: « ne jamais dérailler dans l'abstrait tout en s'en servant, ne jamais perdre la vue et le contact du concret. »

77 *L'Itinéraire*, S. 132: « extrapolation ».

78 Vgl. *L'Itinéraire*, S. 132.
79 Vgl. *L'Itinéraire*, S. 137.
80 Vgl. *L'Itinéraire*, S. 138.
81 Vgl. *L'Itinéraire*, S. 141.
82 *L'Itinéraire*, S. 228: « pensée pensante ».
83 *L'Itinéraire*, S. 228: « pensée pensée ».
84 Vgl. *L'Itinéraire*, S. 163.
85 *L'Itinéraire*, S. 169: « représentation ».
86 *L'Itinéraire*, S. 170: « présence ».
87 Vgl. *L'Itinéraire*, S. 283.
88 Vgl. *L'Itinéraire*, S. 155 f.
89 *L'Itinéraire*, S. 265: « la Philosophie Pure ».
90 Vgl. *L'Itinéraire*, S. 266.
91 Vgl. *L'Itinéraire*, S. 65.
92 Vgl. L'Itinéraire, S. 65 f.
93 *L'Itinéraire*, S. 66 « ce lien substanciel ».
94 Vgl. hierzu Reifenberg, Peter: *Verantwortung aus der Letztbestimmung. Maurice Blondels Ansatz zu einer Logik des sittlichen Lebens*, Herder, Freiburg, 2002, S. 161: „Die Wirklichkeit gibt es für den Menschen nur aufgrund des dialektischen Vermittlungsgeschehens zwischen ‚action' und ‚pensée', und das heißt, stets auf der Basis der Einigung von ‚action'. […] ‚Action' und ‚pensée' (Gedanke) bilden ein nicht trennbares Einheitsgeschehen."
95 Vgl. *Vita activa*, S. 18.
96 Vgl. *L'Itinéraire*, S. 64.
97 *L'Itinéraire*, S. 64: « avec l'esprit de l'action ».
98 Vgl. *L'Itinéraire*, S. 64.
99 Vgl. *L'Itinéraire*, S. 272 f.
100 Vgl. *L'Itinéraire*, S. 280 f. Vgl. hierzu auch van Hooff. *Wende*, S. 261: „Das Geheimnis alles Wirklichen ist uns in unseren Handlungen, die Wirklichkeit gestalten, unmittelbar gegenwärtig." sowie Reifenberg. *Verantwortung.* S. 160: „Die Action [Handlung] ist das einigende Band (‚vinculum') der gesamten Wirklichkeit."
101 Vgl. *L'Itinéraire*, S. 120-21.
102 *L'Itinéraire*, S. 121: « science du beau ».
103 Vgl. *L'Itinéraire*, S. 208 f.
104 Vgl. *L'Itinéraire*, S. 215 f.
105 Vgl. *L'Itinéraire*, S. 207
106 Vgl. *L'Itinéraire*, S. 166 f.
107 Vgl. *L'Itinéraire*, S. 166.
108 *L'Itinéraire*, S. 121: « le joug des abstractions ».
109 *L'Itinéraire*, S. 219: « Etre, c'est essentiellement agir ».
110 Vgl. *L'Itinéraire*, S. 213.
111 *L'Itinéraire*, S. 218: « une perpétuelle et inépuisable nouveauté ».
112 Vgl. *L'Itinéraire*, S. 219 f.
113 Vgl. *L'Itinéraire*, S. 221.
114 *L'Itinéraire*. S. 220: « L'être véritable ne saurait donc être connu

comme réel que par une pensée agissante [...] »
115 Vgl. *L'Itinéraire*, S. 269: « tous les chemins bien suivis y mènent. »
116 Vgl. *L'Itinéraire*, S. 182: « L'être à connaître précède la connaissance à réaliser [...] »
117 Vgl. *L'Itinéraire*, S. 234.
118 Vgl. *L'Itinéraire*, S. 222 f.
119 Vgl. *L'Itinéraire*, S. 282.
120 *L'Itinéraire*, S. 282: « Ce royaume de l'unité est au-dedans. »
121 Vgl. *L'Itinéraire*, S. 67.
122 Vgl. *L'Itinéraire*, S. 67 ; vgl. hierzu auch Renault, Marc: *Déterminisme et Liberté dans „L'Action" de Maurice Blondel*, Vitte, Lyon, 1965. Dort auf S. 221 : « Il y a dans l'action un principe transcendant et nécessaire. » (In der Handlung gibt es ein transzendierendes und notwendiges Prinzip.)
123 *L'Itinéraire*, S. 257: « De Dieu, il n'y a qu'un ».
124 Vgl. hierzu auch Renauld. *Déterminisme*, S. 222 : «C'est pourquoi notre action contient, pour ainsi dire, une preuve ontologique de Dieu: si notre agir, qui se fonde sur la finalité idéale immanente, est efficace, c'est que cette idéalité même se fonde sur une fin transcendante subsistante.» (Deshalb beinhaltet unsere Handlung sozusagen einen ontologischen Gottesbeweis: Wenn unser Handeln, das auf einer immanenten, idealen Finalität basiert, wirksam ist, dann nur deshalb, weil diese Idealität selbst auf einem weiter bestehenden, transzendenten Ziel basiert.)
125 Vgl. Périco, Yvette: « *Le problème de la mystique* ». In: *Blondel entre* L'Action *et la Trilogie*. Marc Leclerc (Hrsg.), Ed. Lessius, Brüssel, 2003, S.285-295. Dort betont Périco auf S. 288, dass für Blondel Handlung immer als eine Synthese von Mensch und Gott verstanden wird : „L'action, toujours entrevue par Blondel comme une synthèse de l'homme et de Dieu [...]."
126 Vgl. *L'Itinéraire*, S. 263 ; vgl. Périco. *Mystique*, S. 287. Dort weist sie bezüglich Blondels Schrift „Le problème de la mystique" von 1924 darauf hin, dass für Blondel das Problem der Philosophie eigentlich auch das Problem der Mystik ist: „Le problème de la mystique apparaît ainsi comme le problème philosophique de Maurice Blondel."
127 *L'Itinéraire*, S. 227: « trinitarisme unitaire ».
128 Vgl. *L'Itinéraire*, S. 241 f.
129 Vgl. *L'Itinéraire*, S. 233.
130 *L'Itinéraire*, S. 244.
131 Vgl. *L'Itinéraire*, S. 241 f.
132 *L'Itinéraire*, S. 247: « métaphysique de la charité ».
133 Vgl. *L'Itinéraire*, S. 251.
134 Vgl. L'Itinéraire, S. 271 f.
135 Vgl. *L'Itinéraire*, S. 256.
136 Vgl. *L'Itinéraire*, S. 272 f.
137 Vgl. *L'Itinéraire*, S. 280 f.
138 Vgl. *L'Itinéraire*, S. 282.

4. Die Bedeutung einer Philosophie des Handelns heute

Hannah Arendts Handlungstheorie basiert auf der Feststellung, dass jeder Mensch jederzeit Neues beginnt. Dies tut er innerhalb einer Gemeinschaft mit anderen Menschen. Niemand steht für sich allein und Handeln bedeutet deshalb, in der Pluralität initiativ zu sein. Für Hannah Arendt ist Handeln gleichzusetzen mit Leben, das für sie ein gesellschaftlich-politisches ist.

Blondels Handlungsbegriff ist mehr vom Glauben geprägt, der für ihn auch in der Philosophie von Bedeutung ist. Die Handlung ist allumfassend, und da sie sich auf das Denken, das Handeln, das Sein und den christlichen Geist bezieht, legt Blondel Wert auf die Ganzheitlichkeit seines Handlungsbegriffes. Dabei ist das menschliche Handeln der Widerschein des göttlichen Handelns. Die Handlung selbst wird als permanenter Neu-Beginn verstanden, der sich im Leben vollzieht, und so wird die Handlung letztendlich auch als das Leben des Menschen, erweitert um dessen Bezug zur Transzendenz, verstanden. Dabei geht es Blondel allein um die Handlung als solche und wie sie sich im Leben des einzelnen Menschen darstellt. Der gemeinschaftliche Aspekt, den Hannah Arendt herausarbeitet, fehlt ihm gänzlich.

Bei Herder bedeutet Handeln die Verbindung von Theorie und Praxis, d.h. von in der Welt Erkanntem und Abstrahiertem, das wiederum in der Welt angewendet wird. Diese Verbindung muss natürlich sein, d.h. auf natürliche Art und Weise zustande gekommen sein, und sie muss der Natur des Menschen und den natürlichen Bedingungen seiner Umgebung Rechnung tragen. Dabei müssen auch in gleichem Maße der menschliche Verstand und das Gefühl am Erkenntnisprozess und an der Umsetzung beteiligt sein. Handeln bedeutet für ihn Aktivität und Produktivität in der Welt, die ausschließlich dann entsteht, wenn alle diese Voraussetzungen erfüllt sind. Ist dies nicht der Fall, so gibt es für ihn kein Handeln. Wirkliches Handeln ist demnach für Herder nicht auf das gesamte Leben bezogen, es umfasst nicht jeden Umstand des Lebens. Wer sich nur mit theoretischen Fragen beschäftigt, wie z.B. der Wissenschaftler, der handelt nicht, ebensowenig wie der Erfinder, der mechanische Dinge entwickelt, die zur Erleichterung von Arbeit beitragen sollen.

Obwohl der Handlungsbegriff bei Arendt, Blondel und Herder unterschiedlich akzentuiert und definiert ist, schreiben alle drei Philosophen gegen eine bestimmte Tendenz, die sie bei ihren Zeitgenossen vorfinden: die Verarmung der Welt und die damit einhergehende Verkümmerung von Werten. Arendt, Blondel und Herder verwahren sich jeder auf seine Weise gegen einseitige Weltanschauungen und Lebensentwürfe. Arendt richtet ihre Kritik gegen die moderne Massengesellschaft, in der der Konformismus herrscht und jede Pluralität unterdrückt wird. Herder prangert die Maschinalisierung einer von Rationalität beherrschten Welt an. Blondels Augenmerk liegt nicht so sehr auf einer ganzen Welt, als vielmehr auf der Wissenschaft, insbesondere auf der Philosophie, die in Einzelwissenschaften zerfällt und somit den Blick auf das ganzheitliche Leben verliert.

Das individuelle und gemeinschaftliche Handeln, die Handlung werden dieser Verarmung der Welt nun entgegengesetzt – und es wäre Anlass zu einer neuen Studie, die klassischen Handlungstheorien anderer Philosophen und deren Kontext zu analysieren. Das gestaltende Handeln, die gestaltete Handlung wird von jedem Menschen geleistet, ob dies lediglich als Aktivität definiert wird oder in gleichem Maße Tun und Leiden impliziert. Jeder Mensch handelt täglich, da immer wieder Entscheidungen zu treffen sind, die ausgeführt werden müssen. Diese getroffenen Entscheidungen können einschneidend und ein ganzes Leben bestimmend sein, wie z.B. die Wahl eines Berufes; sie können das Wohlbefinden im täglichen Leben betreffen, wie z.B. die Entscheidung, regelmäßig Sport zu treiben; sie können einmalig sein, wie z.B. die Entscheidung, ins Kino zu gehen; oder sie können grundsätzlich sein, wie die Überlegung morgens aufzustehen oder liegenzubleiben.

Alle diese Entscheidungen führen zu Handlungen und können sogar selbst bereits als Handlungen definiert werden. Entscheidungen können aber auch die Art und Weise bestimmen, wie man leben möchte oder wie man mit seinen Mitmenschen umgeht. In diesem Falle entscheidet sich der Mensch für bestimmte Werte, nach denen er sein Leben gestalten und die er in seinem Leben umsetzen möchte. Durch diese Werte wird wiederum sein Handeln bestimmt.

Handlung, das Handeln geht jeden einzelnen Menschen an. Durch das Handeln gestaltet jeder Mensch sein Leben und sein Verhältnis zu seinen Mitmenschen. Zwar kann sich der Mensch an Modetrends, Weltanschauungen oder die Vorurteile anderer anpassen und diese übernehmen. Letztendlich aber führt jeder Mensch sein Leben alleine und muss sich selbst gegenüber das eigene Handeln und die ihm eigenen Verhaltensweisen rechtfertigen. Das Handeln geschieht individuell in individuellem Rahmen, d.h., dass jeder Mensch unterschiedliche Erfahrungen hat und macht und keiner in Umständen lebt, die denen eines anderen Menschen gleichen. Diese absolut individuellen Gegebenheiten lassen das Handeln des Einzelnen zu etwas Einzigartigem werden. Insofern ist es, gerade in Zeiten, in denen Anpassung in Mode ist oder gefordert wird, wichtig, den Menschen an seine Einzigartigkeit zu erinnern. Die Einzigartigkeit des Menschen spielt sich aber nicht im beziehungslosen Raum ab. Vielmehr steht der einzelne Mensch, wie es Hannah Arendt richtig herausgearbeitet hat, ständig in Beziehung zu anderen Menschen. Auch dies gilt es, beim Handeln zu berücksichtigen.

Jedes Handeln hat Konsequenzen, ob man diese vorhersagen kann oder nicht. Und jedes Handeln steht mittelbar oder unmittelbar im Bezug zu anderen Menschen, sei es dadurch, dass man von diesen beeinflusst oder geprägt wurde, sei es, dass man sich den anderen gegenüber in bestimmter Weise verhält, sei es dadurch, dass man aufgrund bestimmter Verhaltensweisen anderer zu Denkprozessen oder Erfindungen gelangt, die zunächst nicht in Verbindung mit anderen Menschen zu stehen scheinen. Da jeder einzelne Mensch also nicht nur für sich, sondern immer gemeinsam mit anderen Menschen oder mit Bezug zu anderen Menschen handelt, erwächst ihm aus seinem Handeln auch Verantwortung. An dieses Bewusstsein um die eigene Verantwortung appellieren auch Arendt, Blondel und Herder. Jeder einzelne Mensch hat im Handeln und durch sein Handeln Verantwortung für sich und für den anderen. Diese Verantwortung bewusst zu übernehmen und anzunehmen, ist seine Aufgabe.

Das Handeln jedes Einzelnen orientiert sich an Werten, die dem Menschen durch die Gesellschaft, die Religion, spezifische Gruppen oder Erziehung näher gebracht wurden. Aber gerade durch sein eigenes Handeln kann jeder Einzelne sich selbst auch Werte schaffen, nach denen er sein Leben und sein Verhältnis zu anderen gestalten will. Schließlich ist das Handeln an sich ein Wert. Im Handeln ist jeder Mensch einzigartig, und er soll sich auch dessen bewusst werden. Gleichzeitig wird er im Handeln sich selbst und anderen gegenüber verantwortlich, und auch dessen muss er sich bewusst werden. Der Wert, den das Handeln konstituiert, ist also die Förderung der Individualität, der eigenen oder derjenigen des anderen, und die Gemeinschaftlichkeit in Form von bewusst übernommener Verantwortung – für sich selbst und für die anderen. Der Begriff Handeln ist positiv konnotiert und zeugt auch von einem positiven Menschenbild. Nicht Kants Antagonismus der „ungeselligen Geselligkeit"[1] wird darin zum Ausdruck gebracht; wohl aber die Dualität des Menschen als Individuum, das sich innerhalb einer Gemeinschaft bewegt. Der Mensch wird hier verstanden als gesellschaftliches Individuum, dessen Aufgabe darin besteht, beiden Tendenzen, die er in sich trägt, der gesellschaftlichen und der individuellen, in gleichem Maße gerecht zu werden und beide in gleichem Maße zu fördern. Ein reiner Egoismus ist hier ebensowenig anzustreben wie ein rein angepasstes Verhalten.

Handeln ist ein für das menschliche Leben grundlegender Wert, über den man reflektieren muss. Die Tatsache, dass Arendt, Blondel und Herder dies unabhängig voneinander getan haben, weist darauf hin, dass der Begriff des Handelns oder der Handlung von großer Bedeutung ist und dass er immer wieder auf Interesse stößt. Das Handeln des Menschen ist ein allgemein gültiges Thema – nicht nur im Theoretischen. Zwar hilft eine theoretische Auseinandersetzung dabei, das Handeln und seine Bedeutung bewusst zu machen. Aber Handeln geht nicht nur den Theoretiker oder den Philosophen an. Tagtäglich treffen Menschen aufeinander, die von ihren Handlungen oder denjenigen anderer berichten, die diese auf positive oder auf negative Weise kommentieren oder darüber urteilen, ohne über den Sinn und das Wesen der Handlung an sich zu reflektieren. Viele Berufszweige leben davon, die Handlungen anderer zu beobachten und darzustellen. Jeder Mensch handelt täglich, bewusst oder unbewusst. Das Handeln betrifft das menschliche Leben in einem solchen Maße, es ist so selbstverständlich, dass man sich im Allgemeinen, im Alltäglichen keine Gedanken darüber macht.

Handeln ist Leben, denn Handeln macht das Leben aus. Es ist konstitutiv für das Leben. Deshalb ist es auch so wichtig, sich mit dem Handeln und dem Wert, den es für das menschliche Leben darstellt, zu beschäftigen – und dies auch und vor allem in Zeiten, in denen einseitige Weltanschauungen das Denken und die Meinungen der Menschen beherrschen – denn Handeln ist letztendlich ein gelebter Wert.

---

1 Vgl. *Kants Gesammelte Schriften*. Hrsg. von der Königlich Preußischen Akademie der Wissenschaften. Berlin 1900 f., Bd. VIII, de Gruyter S. 20 f.

Bibliographie

Primärliteratur

Arendt, Hannah: *Vita activa oder vom tätigen Leben*, Piper, München, 2003.
Ders.: *Denktagebuch. 1950-1973. 2 Bde*. Ursula Ludz und Ingeborg Nordmann (Hrsg.), Piper, München, 2002.

Arendt, Hannah: *Ich will verstehen. Selbstauskünfte zu Leben und Werk*. Ursula Ludz (Hrsg.), Piper, München, 2006

Arendt, Hannah: *Denken ohne Geländer. Texte und Briefe*. Heidi Bohnet und Klaus Stadler (Hrsg.), Piper, München 2007

Blondel, Maurice: *L'Itinéraire philosophique de Maurice Blondel. Propos recueillis par Frédérick Lefèvre*, Ed. Spes, Paris, 1928.

Herder, Johann Gottfried: *Sämtliche Werke*. Bernhard Suphan (Hrsg.), 33 Bände, Olms, Berlin 1877-1913

Sekundärliteratur zu Hannah Arendt

Faes, Hubert : *„En découvrant l'humaine socialité avec Heidegger, H. Arendt et J.-L. Nancy"*, *Revue des Sciences philosophiques et théologiques* 83 (1999), S. 707-736.

Harms, Klaus: *Hannah Arendt und Hans Jonas. Grundlagen einer philosophischen Theologie der Weltverantwortung*, WiKu-Verlag, Berlin, 2003.

Jaspers, Karl: *Die großen Philosophen*, Piper, München, 1988

Prinz, Alois: *Beruf Philosophin oder Die Liebe zur Welt. Die Lebensgeschichte der Hannah Arendt*, Beltz & Gelberg, Basel, 1998.

Schiller, Friedrich: *Sämtliche Werke. Bd. 1 Gedichte, Dramen I*, Darmstadt, 1987

Sözer, Önay. *„Das Problem des "Zwischen" bei Hannah Arendt und Martin Heidegger"*, in: A. Großmann; Ch. Jamme (Hrsg.): *Metaphysik der Praktischen Welt. Perspektiven im Anschluss an Hegel und Heidegger*, Rodopi, Amsterdam, 2000, S. 130-142.

Young-Bruehl, Elisabeth: *Hannah Arendt. Leben, Werk und Zeit*, Fischer, Frankfurt am Main 2004

Sekundärliteratur zu Maurice Blondel

Périco, Yvette. „*Le problème de la mystique*", in: M. Leclerc (Hrsg.) : *Blondel entre* L'Action *et la Trilogie*, Ed. Lessius, Brüssel, 2003, S. 285-295.

Raffelt, Albert: „Maurice Blondel", in: B. Lutz (Hrsg.): *Die großen Philosophen des 20. Jahrhunderts. Biographisches Lexikon*, Dt. Taschenbuch-Verlag, München, 1999, S. 73-75.

Raffelt, Albert; Verweyen, Hansjürgen. „Maurice Blondels Leben und Werk", in: A. Raffelt; H.-J. Verweyen (Hrsg.): *Maurice Blondel: Der Ausgangspunkt des Philosophierens. Drei Aufsätze*, Meiner, Hamburg, 1992, S. VII-XI.

Reifenberg, Peter. *Verantwortung aus der Letztbestimmung. Maurice Blondels Ansatz zu einer Logik des sittlichen Lebens*, Herder, Freiburg, 2002.

Renault, Marc. *Déterminisme et Liberté dans „L'Action" de Maurice Blondel*, Vitte, Lyon, 1965.

Schaber, Johannes: *Blondel Maurice*, in: T. Bautz (Hrsg.) *BBKL*. Bd. XV. Herzberg 1999, 196-236.

van Hooff, Anton. „Die Wende vom Sein zum Handeln. Philosophieren im Labor des Lebens", in: M. Knapp; Th. Kobusch (Hrsg.). *Querdenker. Visionäre und Außenseiter in Philosophie und Theologie*, Wissenschaftliche Buchgesellschaft, Darmstadt, 2005, S. 257-265.

Internetseiten:

www.philosophie.uni-mainz.de/blondel/Kurzbiographie.htm
www.ub.uni-freiburg.de/referate/02/blondel/blondel1.htm

Sekundärliteratur zu Johann Gottfried Herder

Adler, Hans: *Die Prägnanz des Dunklen. Gnoseologie – Ästhetik – Geschichtsphilosophie bei Johann Gottfried Herder*, Meiner, Hamburg, 1990.

Düsing, Wolfgang: „*Die Gegenwart im Spiegel der Vergangenheit in Herders ‚Auch eine Philosophie der Geschichte'*". In: *Bückeburger Gespräche über Johann Gottfried Herder 1979*. Bd. 3, Bösendahl, Rinteln, 1980, S. 33-39.

Irmscher, Hans Dietrich: *Nachwort*. In: Herder, Johann Gottfried: *Auch eine Philosophie der Geschichte zur Bildung der*

Menschheit. Hans Dietrich Irmscher (Hrsg.), Reclam, Stuttgart, 1990.

Kants Gesammelte Schriften. Hrsg. von der Königlich Preußischen Akademie der Wissenschaften. Berlin 1900 f., de Gruyter, Bd. VIII

Korff, Hermann August: *Voltaire im literarischen Deutschland des XVIII. Jahrhunderts. Ein Beitrag zur Geschichte des deutschen Geistes von Gottsched zu Goethe*. Max Freiherr von Waldberg (Hrsg.), Winter, Heidelberg, 1918/19.

Lüttgens, Donald: *Der „Ursprung" bei Johann Gottfried Herder. Zur Bedeutung und Kontinuität eines Begriffes*, Lang, Frankfurt am Main, 1991.

Malsch, Wilfried. "*Herders ambivalente Zivilisationskritik*". In: *Herder Today.Contributions from the International Herder Conference*. November 5-8, 1987 in Stanford, California. Kurt Mueller-Vollmer (Hrsg.), de Gruyter, Berlin, 1990, S. 64-83.

Pohl, Christiane: *Die historische Erkenntnistheorie des jungen Herder*, Lang, Frankfurt am Main, 1990

Rehm, Patricia: *Herder et les Lumières. Essai de biographie intellectuelle*, Olms, Hildesheim, 2007.

Biographie

Patricia Rehm, Dr. phil.

Patricia Rehm, geboren 1971 in Mainz, absolvierte ein binationales Studium der Germanistik, Romanistik und Allgemeinen und Vergleichenden Literaturwissenschaft an der Johannes Gutenberg-Universität Mainz und der Université de Bourgogne, Dijon. 1995 erwarb sie den Doppelabschluss des Magister/Maîtrise (Magister-Arbeit: *Probleme der Epochendarstellung bei H. Broch, L. Perutz und B. Strauß*).

Danach erstellte sie im Rahmen eines ko-betreuten Promotionsverfahrens an der Université de Bourgogne, Dijon, bei Prof. Dr. Dr. h.c. Jean Ferrari und der Johannes Gutenberg-Universität Mainz bei Prof. Dr. Dr. h.c. Joachim Kopper ihre Dissertation im Fachbereich Philosophie mit dem Thema: *Herder et les Lumières. Essai de biographie intellectuelle*. Am 18.12.2003 verteidigte sie diese und erhielt das Prädikat „Très honorable avec félicitaitons du jury – Summa cum laude".

Von 1996-2002 war sie als Partnerschaftslektorin für deutsche Sprache und Literatur der Johannes Gutenberg-Universität Mainz an der Université de Bourgogne, Dijon, tätig und wurde seit 1998 auch durch den DAAD gefördert.

Seit 2002 arbeitet sie im Philosophischen Seminar der Johannes Gutenberg-Universität Mainz und ist seit 2005 am Aufbau der „Internationalen Maurice Blondel-Forschungsstelle für Religionsphilosophie" beteiligt. 2008 ist sie Gastdozentin an der Université Jean Moulin Lyon 3 in Frankreich.

In Forschung und Lehre vertritt sie häufig interdisziplinäre und interkulturelle Thematiken. Ihre systematischen Forschungsschwerpunkte sind Praktische Philosophie und Ethik, insbesondere klassische Handlungstheorien, historisch forscht sie in den Bereichen der deutschen und der französischen Philosophie des 18. Jahrhunderts und des 20. Jahrhunderts. Ihre derzeitigen Forschungsprojekte widmen sich der Übersetzung und Kommentierung des Werkes „*Itinéraire philosophique de Maurice Blondel*" sowie der Erforschung der Werke von Hannah Arendt, Edith Stein, Simone Weil, Béla Hamvas und Romano Guardini.

Vortragsreisen zu den Themen ihrer Forschung führten sie ins Kloster Himmerod, nach Heppenheim, Paderborn, Waterford/Irland, Istanbul/Türkei und Algier/Algerien.
An nationalen und internationalen Kongressen in Mainz, Dijon/Frankreich, Budapest/Ungarn, Neapel, Bologna und Rom/Italien, Québec/Kanada, Boston, Monterey (Ca) und Philadelphia/USA sowie Oxford/Großbritannien hat sie teilgenommen.

Die Stiftung

Die Dr.-Ing.-Hans-Joachim-Lenz-Stiftung wurde 2002 gegründet und ist eine rechtsfähige öffentliche Stiftung bürgerlichen Rechts mit Sitz in Mainz. Sie verfolgt ausschließlich und unmittelbar gemeinnützige Zwecke.

Die Stiftung fördert durch finanzielle Unterstützung Projekte auf dem Gebiet von Bildung und Erziehung mit dem Ziel der Erneuerung geistiger Werte und der Wiederherstellung der Würde des Menschen.

Die Themen der Stiftung sind insbesondere:

1. Förderung elitärer Bildung und Erziehung als Ergänzung zum staatlichen Bildungssystem.

2. Entwicklung von diesbezüglichen Lehrthemen, Lehrplänen, Unterrichtsformen und -systemen.

3. Erprobung solcher Entwicklungen in der Praxis und Dokumentation in Erfahrungsberichten.

4. Forschungen, die der Entfaltung des geistigen Potentials dienen im Hinblick auf Bildung, ganzheitliche Gesundheit und Gemeinschaftssinn.

5. Forschungen, die künftige Lebensformen unter veränderten Umweltbedingungen aufzeigen.

6. Projekte zur Kultivierung der deutschen Sprache.

7. Unterstützung von Einrichtungen, die sich elitärer Bildung verschreiben.

8. Entwicklung des Bewußtseins für Ethik und Spiritualität im Leben des Menschen.

9. Unterstützung von Autoren bei der Publikation vorgenannter Projekte.

10. Öffentlichkeitsarbeit, die die Stiftung, den Stiftungszweck und die geförderten Projekte bekannt macht.

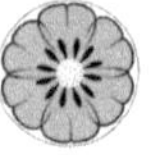

Dr. Ing.- Hans-Joachim-Lenz-Stiftung
Stiftung zur Erneuerung geistiger Werte

Am Michelsberg 1

D-55131 Mainz

Tel. 06131-832255

Fax 06131-85534

www.lenz-stiftung-mainz.de

info@lenz-stiftung-mainz.de

Mitglied des Bundesverbandes Deutscher Stiftungen e.V., Berlin.

Die Edition

In der EDITION werden Forschungsergebnisse, Dokumentationen und Schriften publiziert und finanziell gefördert, die den Zielen der Dr.-Ing.-Hans-Joachim-Lenz-Stiftung in Mainz entsprechen.

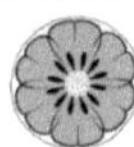

Dr. Ing.- Hans-Joachim-Lenz-Stiftung

Band 1 **- Die heilige Stadt**
Eine Vision am Beispiel der Stadt Mainz
von Hans-Joachim Lenz,
56 Seiten, broschiert, € 8,80, ISBN 978-3-938088-00-5

Band 2 **- Am Anfang waren die Werte**
Plädoyer für eine Neuorientierung in der Erziehung von Kindern und Jugendlichen
von Gabriela Wolf
132 Seiten, broschiert, € 13,80, ISBN 978-3-938088-01-2

Band 3 **- Leben ist Spiel**
Eine Ferienwoche als Lebensschule
von Gabriela Wolf mit Christine Bredenhöller, Andrea Heck, Angelika Humann, Margit Kluge, Reinhild Michel, Sonja Wagener, Heidi Wiehr, reich bebildert.
192 Seiten, broschiert, € 25,00, ISBN 978-3-938088-02-9

Band 5 **- Freunde fürs Leben**
Die Körperwelt im Spiel erkunden
Hrsg. Andreas Krause mit A. Heck, A. Humann, G. Wolf
180 Seiten, broschiert, € 15,80, ISBN 978-3-938088-05-0

Band 6 **- Reise an den Anfang**
Was Martin erlebte
von Martin und Margit Kluge, reichhaltig illustriert
bearbeitet von Gabriela Wolf
66 Seiten, broschiert, € 12,80, ISBN 978-3-938088-04-3

Band 7 **- Das vergessene Wort I**
Vom Reichtum der deutschen Sprache in Darmstadt, Weinheim und Oppenheim
von Katrin Bibiella
291 Seiten, broschiert, € 24,80, ISBN-978-3-938088-07-4

Band 8 **- Worte des Ewigen**
Erinnerungen an das Sein, 48 Epigramme
104 Seiten, broschiert, € 9,80, ISBN 978-3-938088-03-6

Band 9 **- Heilung oder Heiligung?**
Ein Menschenbild im Lichte der Quantenphysik,
von Hans-Joachim Lenz
77 Seiten, broschiert, € 7,80, ISBN 978-3-938088-06-7

Band 10 **- Ehrfurcht vor dem Leben**
Albert Schweitzer zur Erneuerung der Kultur
von Claudia Burghart
140 Seiten, broschiert, € 12,80, ISBN 978-3-938088-12-8

Band 11A **- Jugend lehrt Jugend**
Ein pädagogisches Modellprojekt in Bad Kreuznach, Teil I
von Sonja Wagener
101 Seiten, broschiert, € 8,80, ISBN 978-3-938088-11-1

Band 11A - Jugend lehrt Jugend
Ein pädagogisches Modellprojekt in Bad Kreuznach, Teil II
von Sonja Wagener
114 Seiten, broschiert, € 9,80, ISBN 978-3-938088-13-5

Band 11B **- Jugend lehrt Jugend**
Ein pädagogisches Modellprojekt in Overath, Teil I
von Petra Ehrler
106 Seiten, broschiert, € 9,20, ISBN 978-3-938088-10-4

Band 11B - Jugend lehrt Jugend
Ein pädagogisches Modellprojekt in Overath, Teil II
von Petra Ehrler
168 Seiten, broschiert, € 14,20, ISBN 978-3-938088-14-2

Band 12 **- Das vergessene Wort II**
Vom Reichtum der deutschen Sprache in Heidelberg und Weimar
von Katrin Bibiella
166 Seiten, broschiert, € 14,20, ISBN 978-3-938088-08-1

Band 13 **- De Dignitate Hominis**
Zum Menschenbild in der Geschichte der Pädagogik
von Gabriela Wolf
160 Seiten, broschiert, € 14,20, ISBN 978-3-938088-09-8

Band 14 **– Handeln als gelebter Wert**
Aus Hannah Arendts Leben und Werk
von Patricia Rehm
146 Seiten, broschiert, € 12,80, ISBN 978-3-938088-15-9

Weitere Projekte zu Bildung, Erziehung und Sprache siehe:

www.lenz-stiftung-mainz.de